DIE MAYA

DIE MAYA

GESCHICHTE, KUNST UND MYTHEN

Dr. Phil. Timothy Laughton

KARL MÜLLER

Titel der Originalausgabe: Life, Myth and Art: The Maya
Übersetzung © Rudolf Kaspar
Umschlagmotive: Cosmo Condina/Getty Images (Tempelanlage)
Justin Kerr (Statue)
Justin Kerr (Steinrelief)

Seite 1: „Roll-Out"-Aufnahme eines Maya-Gefäßes aus Guatemala mit Spinnen-Affen (800–1000 n. Chr.).
Seite 2: Palast von Labna in der Region Puuc, Mexiko.
Seite 3: Spätklassische Keramikfigur eines Kriegers von der Insel Jaina, die Yucatán vorgelagert ist.

Produktion: Print Company Verlagsgesellschaft m.b.H., Wien

www.karl-mueller-verlag.de

Druck und Bindung: Neografia A.S.
Printed in Slovakia

ISBN 3-89893-239-7

INHALT

Vorstellung und Realität

LINKS: Tondarstellung des Gottes Chac-Xib-Chac auf einer spätklassischen Vase. Er trägt einen Ohrschmuck aus Muscheln und eine Kopfbedeckung aus Federn. Die Axt in seiner linken Hand läßt auf rituelle Opfer schließen.

Die alten Maya waren ein hochentwickeltes Volk, dessen Geschichte teilweise durch die Übersetzung seiner komplizierten Hieroglyphentexte enthüllt wurde. Doch am meisten bewundert werden die Maya wegen ihrer großartigen Kunstwerke aus Stein, Jade und Keramik. Die Bildnisse zeigen das übernatürliche Reich mit seinen Göttern und das Leben der Maya – meist das der Eliten. Die Kunst stellt eine Welt dar, in der die Maya-Könige mit absoluter Macht über ihr Volk herrschten, in welcher aber die oberste Herrschaft bei den Göttern lag.

UNTEN: Eine Schnitzarbeit aus Jade, 13 Zentimeter hoch. Das Porträt zeigt den ernsten Ausdruck des Königs Kan Xul von Palenque, einem Sohn des großen Pacal. Ursprünglich wurde sie an einem Gürtel als Teil der königlichen Insignien getragen. Ursprung um 700 n. Chr., gefunden in Honduras, obwohl sie aus Palenque stammen dürfte.

DIE SEELE DER MAYA

Die alten Maya waren ein stolzes und gefürchtetes Volk, dessen Städte von monumentalem Umfang noch heute die Landschaft beherrschen. Die Mehrheit der Bevölkerung lebte in strohgedeckten Hütten, doch die Herrscher und Adeligen residierten in mächtigen Steinpalästen. Nach ihrem Tod wurden sie oft unter den weitläufigen Pyramidentempeln beigesetzt. Trotz der Tatsache, daß sie nie ein gemeinsames Reich errichteten, sondern in vielen kleinen Stadtstaaten lebten, die häufig miteinander Krieg führten, entwickelten die Maya eine gemeinsame Kultur. Was das Volk der Maya zusammenhielt, waren seine Mythen und Schöpfungsgeschichten, sein Verständnis des Kosmos, sein religiöser Glaube und seine Vorstellungen vom Leben nach dem Tode.

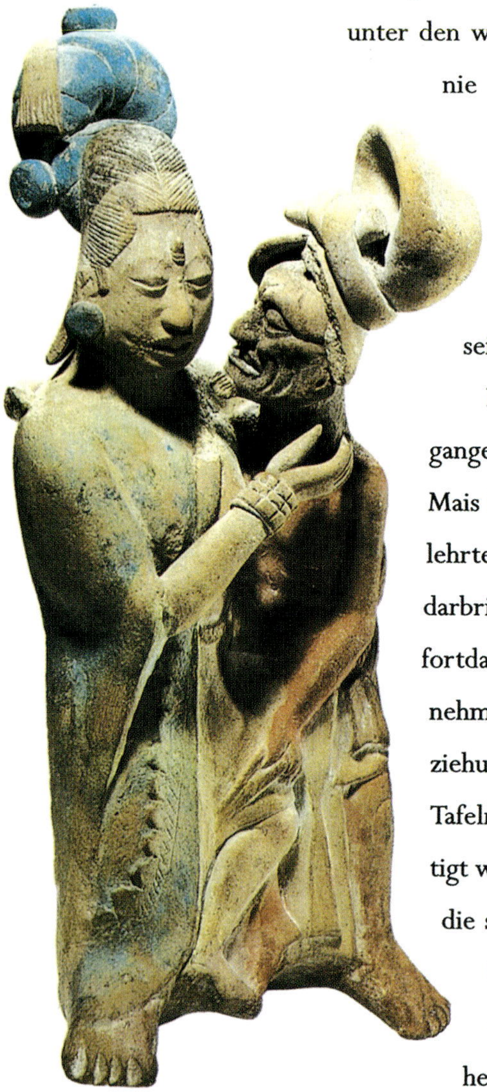

LINKS: Diese kleine Skulptur (8. oder 9. Jh. n. Chr.) zeigt einen Sinn für Humor, auf den man in der Maya-Kunst oft stößt. Sie zeigt einen häßlichen, wollüstigen alten Mann, der den Rock einer jungen Frau anhebt. Das Objekt stammt von einem Friedhof auf der Insel Jaina, die vor der Westküste von Yucatán liegt. Die Figuren könnten eine wehmütige Männerphantasie vom Leben nach dem Tode darstellen.

Nach der Mythologie der Maya erschufen die Götter eines vergangenen Weltzeitalters die Erde und auch die ersten Menschen, die sie aus Mais formten, dem Grundnahrungsmittel dieser Region. Dieselben Götter lehrten die Menschen, wie sie Opfer als Dank für den Schöpfungsakt darbringen sollten. Die Maya glaubten also, daß ihre bloße Existenz vom fortdauernden Willen der Götter abhing. Komplizierte Rituale, mit Teilnehmern in Kostümen aus schillernden Quetzalfedern, sollten die Beziehung zu den Göttern aufrechterhalten. Alte Maya-Bücher enthalten Tafeln, auf denen gezeigt wird, wie die Gottheiten durch Gaben beschwichtigt werden sollten. Es verwundert nicht, daß in der Gesellschaft der Maya, die so stark vom Göttlichen und vom Königtum dominiert wurde, diese Bereiche in der Kunst vorherrschen. Das Bildnis des Herrschers dominiert die Skulptur. Er nahm als Vermittler zwischen der Menschheit und den allmächtigen Gottheiten eine besondere Position ein.

Die zerstörten Pyramidentempel der Maya verblüffen noch immer durch ihre architektonischen Feinheiten. Der Tempel II (8. Jh. n. Chr.) von Tikal, Guatemala, ist ein spätklassisches Beispiel für die Fähigkeiten dieser alten Baumeister. Sein zerstörter Dachkamm ragte einst vermutlich noch höher in den Himmel.

DIE GESCHICHTE DER MAYA

Das Gebiet der alten Maya erstreckte sich von der Region Chiapas und der Halbinsel Yucatán in Mexiko über das ganze heutige Guatemala und Belize bis in den westlichen Teil von Honduras und El Salvador. Im Süden ihres Reiches lagen vulkanische Berge, deren gemäßigte Täler ideal für Ackerbau waren. Der mittlere Teil – das Tiefland der Petén-Region von Guatemala und die angrenzenden Gebiete – war von dichtem tropischem Regenwald bedeckt. Der mächtige Jaguar, der eine wichtige Rolle in den Bildwerken der Maya spielt, bewohnte diese Wälder. In diesen unwirtlichen Gebieten wurden einige der größten und mächtigsten Städte, wie Tikal und Yaxchilán, erbaut.

RECHTS: Spätklassische Grabfigur aus Keramik von der Insel Jaina, die einen alten berauschten Mann zeigt. Unter dem Arm trägt er eine Flasche, wahrscheinlich ein Symbol seiner Trunkenheit. Die späte aztekische Zivilisation erlaubte nur Personen über 70, sich öffentlich berauscht zu zeigen. Falls die Maya ähnliche Gesetze hatten, könnte die Figur die Freiheit des hohen Alters darstellen.

Im Norden, zum Karibischen Meer hin, liegt die Halbinsel Yucatán – ein Plateau aus Kalkstein, bedeckt mit gestrüppreicher Vegetation. Aufgrund des Gesteins gibt es an der Oberfläche keine Flüsse, doch unterirdische Ströme erzeugen Höhlen und, wenn deren Decken einstürzen, Löcher im Boden, die *cenotes* genannt werden. Diese Dolinen waren für die Maya sehr wichtig. Sie bildeten nicht nur die einzige Wasserquelle, sondern wurden auch für Zugänge zur Unterwelt gehalten.

Es wird allgemein angenommen, daß die ersten Menschen vor mindestens 12000 Jahren während der letzten Eiszeit über die Beringstraße von Asien nach Amerika kamen. Für einige tausend Jahre lebten die Menschen als nomadische Jäger und Sammler, bis sie zur Spitze des Kontinents vordrangen. Steinwerkzeuge und Pfeilspitzen aus dieser

DIE WELT DER MAYA

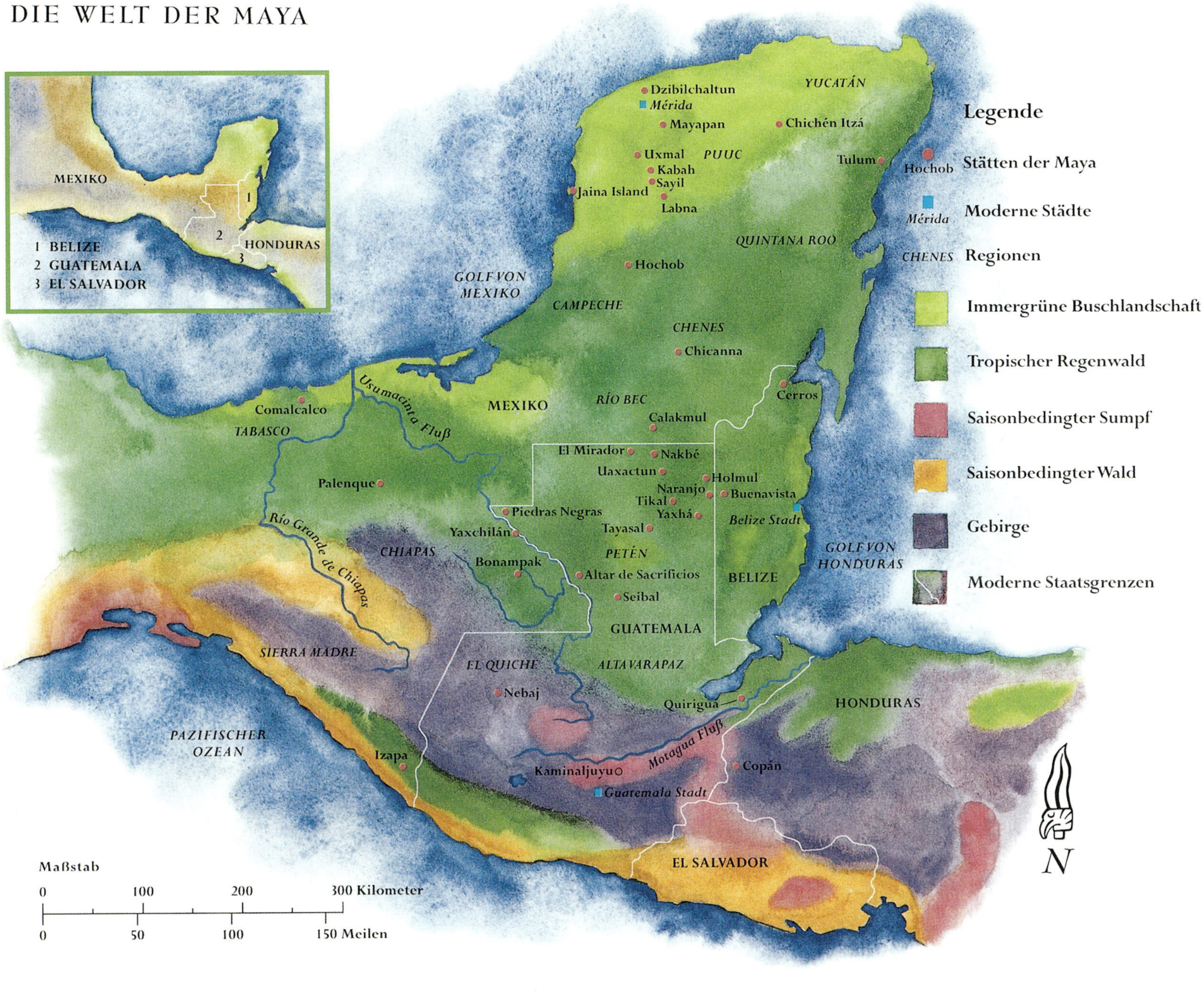

LINKS: Die Geschicklichkeit des Maya-Bildhauers wird durch dieses Fragment eines Türsturzes aus Stein enthüllt. König Vogel-Jaguar, als Tiefenrelief gemeißelt, wird in Kriegskleidung gezeigt. Eine seiner Frauen, 6-Himmel-Ahau, ist links abgebildet. Vogel-Jaguar hält einen Speer mit Feuersteinspitze und trägt einen Umhang aus Jaguarfell. Die Kopfbedeckung verkörpert das Profil des Kriegsgottes. Der Hieroglyphentext gibt das Datum des Ereignisses nach dem Maya-Kalender an – den 9. Mai 755 n. Chr. in unserer Zeitrechnung.

Periode deuten auf eine frühe Besiedelung der späteren Heimat der Maya hin. Die ersten Maya-Dörfer entstanden im 1.–2. Jahrtausend v. Chr. Um 500 v. Chr. gab es große Zentren wie Nakbé und El Mirador im zentralen Tiefland. Auch im südlichen Hochland und im nördlichen Yucatán waren Siedlungen gegründet worden.

Diese Entwicklungen fanden, wie die Archäologen sie nennen, in der „vorklassischen" Zeit statt. Früher unterschieden die Wissenschaftler drei Perioden der Maya-Zivilisation: Die vorklassische Zeit, in der kleine, dörfliche Siedlungen entstanden, begann um 2000 v. Chr. und endete um 250 n. Chr. Die „klassische" Zeit (um 250–900 n. Chr.) wurde als das Goldene Zeitalter der Maya angesehen – die Zivilisation erreichte ihren Höhepunkt mit großen Fortschritten in Kunst und Wissenschaft. Die „nachklassische" Zeit (um 900 n. Chr. bis zum Beginn des 16. Jahrhunderts) gilt als Periode des Verfalls der Maya-Kultur.

Heute hat man erkannt, daß viele Errungenschaften, die man früher der klassischen Zeit zuschrieb, tatsächlich schon in der vorklassischen erreicht wurden, und daß große Maya-Siedlungen schon früher als angenommen existierten. Auch die Auffassung vom Zusammenbruch der Maya-Zivilisation wurde redvidiert. Man nahm an, daß die meisten Maya-Städte gegen Ende des 9. Jahrhunderts n. Chr. aufgrund von Rebellion, Invasion, Hungersnot oder Seuchen zerstört wurden. Neue Forschungen haben jedoch gezeigt, daß das Maya-Reich nicht geeint war, sondern aus Stadtstaaten bestand, die ständig Kriege führten oder Allianzen eingingen. Gegen Ende der klassischen Zeit stieg die Bevölkerungszahl an, Kriege wurden häufiger, Landflucht und Seuchen waren die Folge. Diese Umstände mögen zum Zusammenbruch der Kultur im Tiefland geführt haben, doch im südlichen Hochland und auf Yucatán blühte die Maya-Kultur bis zur Ankunft der Spanier im 16. Jahrhundert weiter.

RECHTS: Ein stolzer Maya-Krieger steht zum Kampf bereit. In der einen Hand hält er einen Schild, in der anderen ursprünglich vielleicht einen Holzspeer. Diese 23 Zentimeter große Figur von der Insel Jaina war wahrscheinlich als Grabbeigabe für einen berühmten Soldaten von hohem sozialen Rang.

MONUMENTALE HARMONIE
Der große Palast in Sayil, in der Puuc-Region von Yucatán, ist eines der beeindruckendsten Bauwerke der Maya. Sayil war eine relativ späte Siedlung (um 750–1000 n. Chr.), die wegen einer feindlichen Invasion verlassen wurde. Die wenigen Funde häuslicher Gegenstände machten es schwierig, die Funktion des Gebäudes zu bestimmen. Die vielen kleinen Räume wurden vermutlich vielfältig genutzt, zum Beispiel als Unterkünfte für Könige und Adelige, für die Verwaltung

und als Vorratskammern. Obwohl der Palast in mehreren Phasen erbaut wurde, ist das Resultat harmonisch und wohlproportioniert. Die unterste Etage ist einfach und solide, während der mittlere Abschnitt mit den offenen Zugängen und der Fassade, die von Säulen und Steinmetzarbeiten, die Holzbauweisen imitieren, verziert ist, dekorativer wirkt. Darüber zeigt ein Fries Gottheiten und phantastische Tiere. Die dritte Etage ist eben und elegant, ihre Einfachheit stellt ein Gleichgewicht zu den Verzierungen her.

DIE KUNST DER MAYA

Die Maya brachten wunderbare Kunstwerke hervor. Dafür verwendeten sie Materialien wie Stein, Holz, Stuck, Farben, Keramik, Jade und Muscheln. Das Innere der Maya-Bauwerke war, trotz ihrer heutigen düsteren Erscheinung, mit vielen hellen Wandbemalungen dekoriert, die wegen der Feuchtigkeit inzwischen weitgehend zerstört sind. Die seltenen Fälle, in denen sie erhalten blieben, wie in Bonampak und Tulum, zeigen, daß die Maya-Städte einst prächtige, farbenfrohe Plätze waren, denn auch das Äußere der Gebäude war oft bemalt.

Die Themen der Maya-Kunst reichen von den irdischen Regenten und Adeligen, bis zum Treiben der Götter und den Darstellungen der Unterwelt. Mitglieder des Adels, besonders die Regenten, wurden gewöhnlich in Form der Stele gefeiert, eines aufrechten, meist etwa einen Meter hohen Steines. Manche Stelen waren sogar noch höher.

Auf dem Hauptplatz in Copán in Honduras gibt es etliche Stelen, errichtet von König 18-Kaninchen, der die Stadt zu Beginn des 8. Jahrhunderts n. Chr. regierte. Diese Monumente erzählten wichtige Ereignisse aus dem Leben des Herrschers. Ein Porträt des Königs war gewöhnlich in die Vorderseite gemeißelt und von Hieroglyphen-Texten umrahmt.

RECHTS: Die Maya waren überragend in der Wandmalerei und verwendeten eine breite Palette von Blau, Grün, Rot, Orange und Braun. Die Malereien von Bonampak (Ende des 8. Jh. n. Chr.) gehören zu den am besten erhaltenen Malereien und wurden computerverstärkt, um ihren alten Glanz wiederherzustellen. Dieser Ausschnitt zeigt eine Prozession von reichgekleideten Adeligen, die an einem Ritual teilnehmen.

Verschiedene Steinmetzarbeiten aus der Puuc-Region werden in diesem Teil des spätklassischen Palastes der Masken in Kabah gezeigt. Zuerst wurde eine glatte Fassade hergestellt, dann eine Schicht von behauenen Steinen angebracht und so ein kompliziertes Fries mit Porträts und Symbolen erzeugt. Hier ein stilisiertes Bild von Chac, dem Regengott.

Die größte bisher entdeckte Stele befindet sich bei Quiriguá im Südosten Guatemalas. Dieses Monument, errichtet 771 n. Chr. und gewidmet dem König Stürmischer-Himmel, erhebt sich fast 10 Meter über den Platz. Stelen tragen oft Hieroglyphen-Texte, die zum Beispiel über die Daten der Geburt des Herrschers, den Zeitpunkt seiner Thronbesteigung, seiner Heirat und wichtiger Siege im Kampf Auskunft geben. Auf den großen Plätzen jeder Stadt aufgestellt, bekräftigten sie des Königs Recht auf Herrschaft. Diese riesigen, behauenen Steine waren Teil der politischen Propaganda der Maya.

Maya-Kunstwerke variierten in der Größe zwischen diesen kolossalen Stelen, archtektonischen Skulpturen (wie die Chac-Masken im Palast von Kabah, siehe

OBEN: Maya-Künstler waren Experten im Bearbeiten von Jade, einem harten Material. Auf dieser kleinen, spätklassischen Tafel (hier in zwei Drittel der tatsächlichen Größe gezeigt) ist ein Maya-Herrscher auf dem Thron in typischer Haltung porträtiert. Er trägt eine Kopfbedeckung in Form eines phantastischen Ungeheuers, mit Federn geschmückt.

S. 78–79) und winzigen geschnitzten Muschel-Ornamenten, die oft nicht größer als 2,5 Zentimeter waren.

Um welche Art von Kunstwerk es sich auch handelt, jede Linie, jedes Symbol und Motiv sollte eine Bedeutung vermitteln. Die Vorstellung einer rein dekorativen oder abstrakten Kunst war den Maya fremd. An kleineren Werken produzierten die Maya-Künstler Arbeiten aus Jade, Muscheln und Feuerstein. Am meisten schätzten sie Jade. Herrscher wurden meist in diesem Material abgebildet, fast immer im Profil, um die hohe, schräge Stirn zu zeigen, die bei den Maya als schön galt. Die Auffassung von Schönheit in der Maya-Kultur erscheint uns heute eher fremd. Doch die hohe Stirn gefiel den Maya so sehr, daß sie an der Vorderseite des Babykopfes Holzstücke befestigten, wodurch der Schädel die gewünschte Form erhalten sollte.

UNTEN: Ein ungewöhnliches Material für Maya-Künstler war Feuerstein, der durch vorsichtiges Meißeln zu eindrucksvollen Kunstwerken geformt wurde. Dieser spätklassische asymmetrische Feuerstein wurde als königliches Zepter verwendet und bildet den Herrscher ab.

Einige der ausdruckstärksten Objekte der Maya-Kunst sind bemalte Keramiken, besonders Teller und zylindrisch-geformte Vasen. Diese zeigen oft Szenen des höfischen Lebens, wie Prozessionen, Tänze oder Rituale, und sind manchmal mit Gottheiten des Maya-Pantheons bemalt. Viele dieser Keramiken stellen aber auch die eher finsteren Herren von Xibalba, der Unterwelt, dar (siehe S. 82–83), vielleicht weil sie oft Toten beigegeben wurden, um die Verstorbenen auf ihrer Reise in die unteren Welten zu begleiten.

Der Maya-Künstler blieb nicht immer anonym, ein Brauch, der in vielen anderen alten Kulturen üblich war. Etliche Steinmetzarbeiten tragen den Namen ihres Urhebers, und Maya-Keramiken sind oft „signiert“. Vor kurzem entdeckte man, daß viele Künstler Mitglieder königlicher Familien waren – häufig jüngere Brüder des Königs. Um die Aufmerksamkeit auf ihre Herkunft zu lenken, setzten diese aristokratischen Künstler ihren Namen neben das Abbild des Herrschers.

ABSTRAKTION IN DER MAYA-KUNST

Viele Maya-Kunstwerke stellen Porträts dar, doch manchmal verwendeten die Künstler scheinbar rein dekorative Muster. Dieser Eindruck täuscht, denn die Vorstellung purer Dekoration war den Maya-Künstlern fremd. Ihre Werke enthalten immer auch eine Botschaft. Die Motive des obigen Tellers zum Beispiel haben eine astrologische Bedeutung, möglicherweise deuten sie auf die drei Feuersteine des Schöpfungsmythos der Maya hin. Diese Form ist relativ leicht zu entschlüsseln, doch andere Motive bilden komplexe Muster mit vielschichtigem Symbolismus.

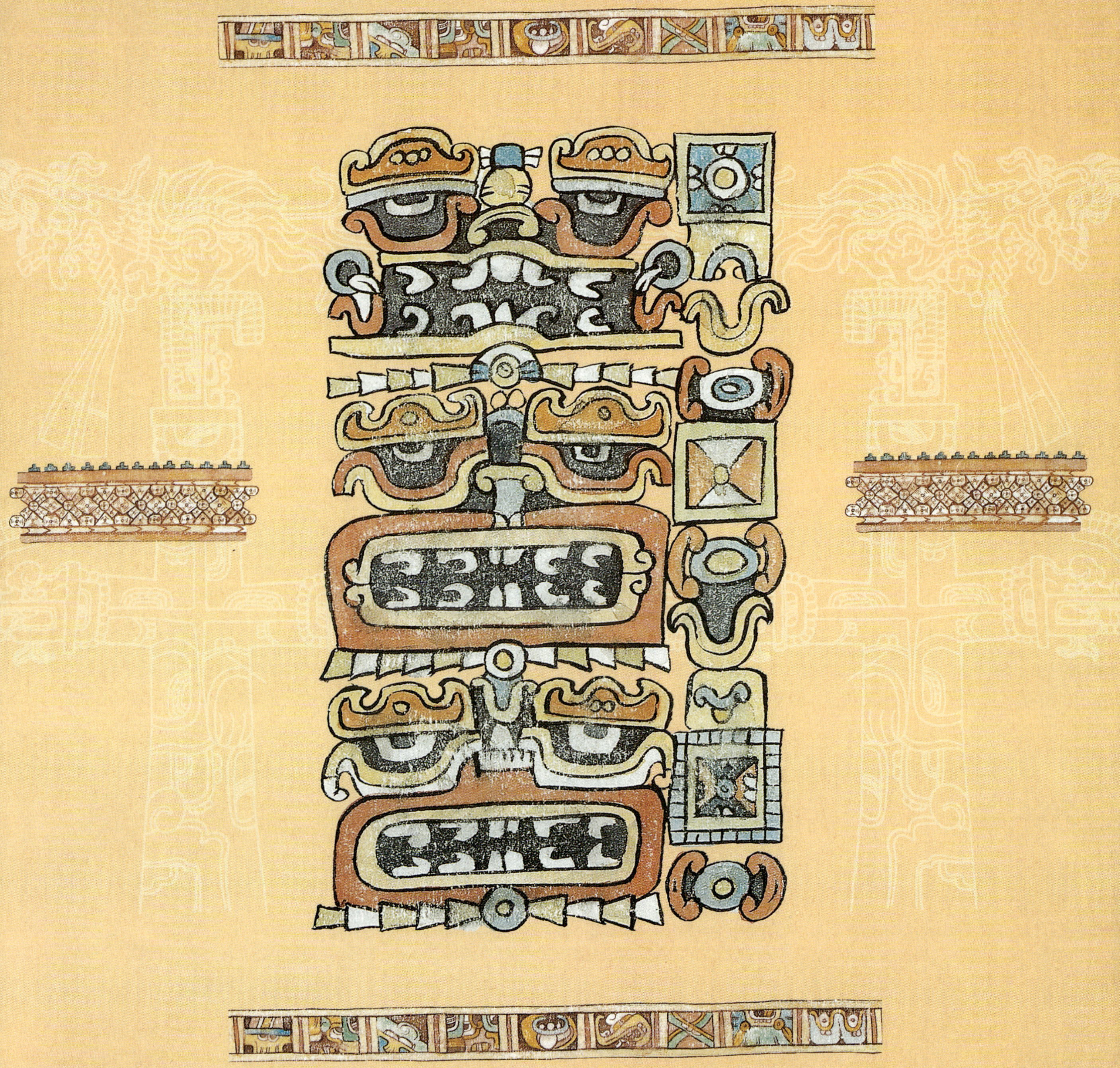

DER HEILIGE EINGANG
Die Fassade des Tempels von Hochob, einer nördlich gelegenen Maya-Stadt, ist typisch für den Chenes-Stil heiliger Architektur, der sich während der spätklassischen Zeit (um 600–900 n. Chr.) in der Río-Bec-Region und der Chenes-Region von Yucatán entwickelte. Das komplexe Steinmosaik, das den Tempeleingang umgibt, bildet das Maul eines stilisierten Ungeheuers. Seine Fangzähne flankieren den Eingang, und seine riesige Schnauze ragte ursprünglich über das

Portal hinaus. Im Glauben der Maya wurde der Eingang zu Xibalba, der Unterwelt, häufig als Mund eines Tieres, des „Erdungeheuers", aufgefaßt. Die Maya-Priester nahmen an, daß sie beim Betreten dieses Tempels tatsächlich in die übernatürliche Welt eintraten.

Der sehr ähnliche Río-Bec-Stil, der sich im Südosten von Hochob entwickelte, zeigt ähnliche Torwege, doch waren diese im allgemeinen nur scheinbare Eingänge – bloße Fassaden, die solide Steintürme schmückten.

SKULPTUR UND SYMBOL

Die Maya besaßen eine komplizierte Form der Hieroglyphen-Schrift, die erst vor kurzem völlig entschlüsselt wurde. Daher sind viele Maya-Texte noch nicht vollständig übersetzt. Bis zur zweiten Hälfte des 20. Jahrhunderts wurde angenommen, daß die Schrift eine Verbindung von bildlichen Darstellungen und Symbolen, die ein einzelnes Wort oder einen einzelnen Begriff darstellen, sei. Schon im 19. Jahrhundert erkannte man, daß viele Maya-Texte Informationen über den Kalender und die Astronomie enthielten, und aus diesem Grund nahmen die Wissenschaftler an, daß die Maya ein friedliches Volk von Astronomen und Priestern waren. Da man die Maya-Hieroglyphen nicht richtig entschlüsseln konnte, überlebte dieses Mißverständnis viele Jahrzehnte lang. Das ist umso

Der Schreiber war in der Maya-Gesellschaft eine wichtige Gestalt und Mitglied der königlichen Familie seiner Stadt. Dieser Teller aus der Nakbé-Region in Guatemala (zwischen 672 und 830 n. Chr.) zeigt einen übernatürlichen Schreiber (die Flecken auf seinem Arm und auf seinem Schenkel legen nahe, daß es sich um einen der Heldenhaften Zwillinge handelt), der in ein Buch malt. Solche Texte wurden oft in Jaguarfelle gehüllt – ein Zeichen ihres Wertes.

Die Maya-Hieroglyphen waren in einem gitterartigen Muster angeordnet und wurden für gewöhnlich von links nach rechts und von oben nach unten paarweise gelesen. Dieses spätklassische Beispiel einer gemeißelten Inschrift aus Palenque zeigt, daß die Maya-Schreiber ebensoviel Sorgfalt auf das geschriebene Wort legten wie auf andere großartige Bildnisse, die sie schufen.

erstaunlicher, wenn man bedenkt, daß in der Kunst der Maya Themen der Kriegsführung und der Opferungen vorherrschten.

Der Durchbruch bei der Übersetzung gelang 1952 dem Russen Yuri Knorozov, der einen Artikel über die alten Schriften in Mittelamerika publizierte. Er erkannte die Hieroglyphen als ein Konsonant-Vokal-System, so wurde der Name des bekanntesten Königs von Palenque, Pacal, mit den drei Zeichen, die die Laute PA-CA-LA darstellen, geschrieben. Der letzte Vokal entfällt, dies ergibt Pacal. Westliche Gelehrte lehnten Knorozovs Theorie zunächst ab, akzeptierten sie aber später. Es wurde schließlich anerkannt, daß die Schrift der Maya phonetisch ist, obwohl sie auch eine Anzahl von Wortzeichen enthält.

Die Maya-Hieroglyphen enthalten eine Mischung aus Symbolen und naturalistischen Bildern. Oft tauchen auch menschliche und tierische Gesichter sowie Götter auf. Den Schreibern waren zwei Gottheiten zugeteilt: halb menschliche Gestalten, die meist ein Tintenfaß, eine Feder oder ein Buch halten. Sie galten als Halbbrüder der Heldenhaften Zwillinge (siehe S. 104–107).

GEHEIMNISVOLLE TEXTE

UNTEN: Dieses Meisterwerk der Maya-Kunst, eine spätklassische Vasenmalerei, zeigt eine Szene im Palast eines der Hauptherren der Unterwelt, bekannt als Gott L. Er sitzt auf einem Thron und schöne Frauen bedienen ihn. Im Vordergrund befindet sich ein kleiner Hasen-Schreiber mit Federn im Gürtel. Er notiert Geschehnisse in einen jaguarfell-gebundenen Kodex.

Im 16. Jahrhundert schrieb der Bischof von Yucatán, Diego de Landa, über die Maya: „Dieses Volk verwendete auch bestimmte Buchstaben, in welchen es seine Bücher schrieb. Wir fanden eine große Zahl von diesen, und da sie nichts als Aberglauben und teuflische Lügen enthielten, verbrannten wir sie alle, was die Eingeborenen in erstaunlichem Maß bedauerten und was ihnen viel Leid bereitete."

Die Begeisterung des Bischofs für das Verbrennen von Büchern war so groß, daß heute bloß vier Maya-Kodizes erhalten sind, die den Namen ihres Aufbewahrungsortes tragen: der Dresdener, der Pariser, der Madrider und der Grolier Kodex.

Die Maya-Kodizes waren keine Bücher im herkömmlichen Sinn: Sie bestanden vielmehr aus langen Papierstreifen, die aus der Rinde des Feigenbaumes

hergestellt wurden und oft mehrere Meter lang waren (der Grolier und der Pariser Kodex sind Fragmente längerer Originale). Die Kodizes sind ziehharmonikaartig gefaltet, wie moderne Landkarten, so daß man jederzeit soviel vom Buch sehen kann, wie gewünscht wird. Das Papier aus Rinde wurde mittels verdünntem Kalk präpariert, darauf malte der Schreiber Bilder und Hieroglyphen. Die Gründe, warum Bischof Landa so begierig war, diese Texte zu zerstören, sind vielseitig. Urteilt man nach den erhaltenen

RECHTS: Obwohl diese zwei Seiten des Pariser Kodexes schlecht erhalten sind, erkennt man noch zwei Reihen von Tieren, die von horizontalen Bändern herabhängen. Es handelt sich um die Tiere des Maya-Tierkreises. Oben ist ein Himmelsband, zusammengestellt aus Symbolen, die Konstellationen darstellen sollten. Eine Serie von Zahlen und Zeichen aus dem 260-Tage-Kalender legt nahe, daß diese Tafeln zur Vorraussage der Konstellationen verwendet wurden. Trotzdem bleiben die genauen Berechnungen der Astronomen-Priester für den modernen Gelehrten rätselhaft.

Die beiden Figuren dieses Ausschnitts aus dem Madrider Kodex (Beginn des 16. Jh. n. Chr.) scheinen bei einem Ritual verwendet worden zu sein. Links ist der Maisgott (siehe S. 80–81) in einem Tempel abgebildet. Von draußen sieht ihn Ek Chuah, der Gott des Handels, an, der in der einen Hand ein Feuersteinmesser, in der anderen eine Rassel oder ein Zepter hält. Diese Götter sind wahrscheinlich ein später Import aus Mexiko. Zwischen den beiden befindet sich ein Gefäß mit der Hieroglyphe für Mais, das vielleicht *atole*, eine Art Maisbrei, enthält. Das Bild könnte ein Almanach für die Tage der Fruchtbarkeitsrituale des Mais gewesen sein. Es könnte sich aber auch um ein Ritual in Zusammenhang mit Kakao handeln. Ek Chuah war mit dieser Pflanze verbunden, und die Tasche, die er hält, könnte Räucherwerk enthalten – im Monat *Muan* feierten die Kakaobauern diesen Gott.

Kodizes, dann scheinen sie vor allem von den Priestern für Vorhersagung und Weissagung verwendet worden zu sein. Sie enthielten Tabellen, die die richtige Zeit für Rituale festlegten, Pflanzkalender und astronomische Angaben. Doch Bischof Landa störte sich wohl eher an den Darstellungen der Götter, die unter anderem eine nackte Mondgöttin zeigten (siehe S. 68–69).

Jeder Kodex enthält eine Vielfalt von Bildern, Hieroglyphen und Zahlen (siehe S. 50–51), und jede Seite bestand aus einzelnen Tafeln, die ein besonderes Thema, etwa Krieg oder Heirat, behandelten. Wollte ein Priester eine Vorhersage, zum Beispiel über die beste Pflanzzeit, treffen, so schlug er das Thema im entsprechenden Kapitel nach. Auf der linken Seite der Tafel befand sich eine Tabelle mit Tages-Zeichen aus dem 260-Tage-Kalender (siehe S. 54–55), horizontale Zahlenreihen verliefen quer über die Seite. Der Priester stellte mittels dieser Tabellen seine Berechnungen an, durch die er zu einem Abschnitt von Tages-Zeichen geführt wurde. Die Vorzeichen für jeden Tag wurden durch das Bild und den Begleittext angezeigt. Das Bildnis gab an, welche Gottheit an jenem Tag Einfluß hatte, die Hieroglyphen zeigten dem Priester, ob der Tag ein günstiger war.

Die Kodizes regulierten verschiedenste Tätigkeiten, so bestimmten sie die Zeiten für Opferungen und Regenzeremonien, aber auch für Reisen, die Jagd und die Bienenzucht. Die Tafeln kündigten jahreszeitliche Veränderungen, das Erscheinen der Venus (siehe S. 60–63) sowie die Sonnen- und Mondfinsternisse an. Beide wurden als böses Vorzeichen angesehen, weil dabei Himmelskörper von einer unsichtbaren Kraft verschluckt zu werden schienen. Die Kodizes zeigen, daß für die Maya alles zeitlich vorherbestimmt war, und daß die Götter die Kontrolle über das Schicksal in Händen hatten.

Die Keramikfigurine eines Schriftgelehrten aus der spätklassischen Zeit aus Palenque. Er sitzt mit gekreuzten Beinen und hat einen gefalteten Kodex vor sich. Inschriften auf bemalten Vasen zeigen, daß die Schreiber aus den höheren Klassen der Maya-Gesellschaft kamen, oft sogar aus der königlichen Familie. Der feiste Körper dieses Schreibers legt ein luxuriöses Leben nahe und sein strenger Ausdruck weist auf die Wichtigkeit seines Berufes hin.

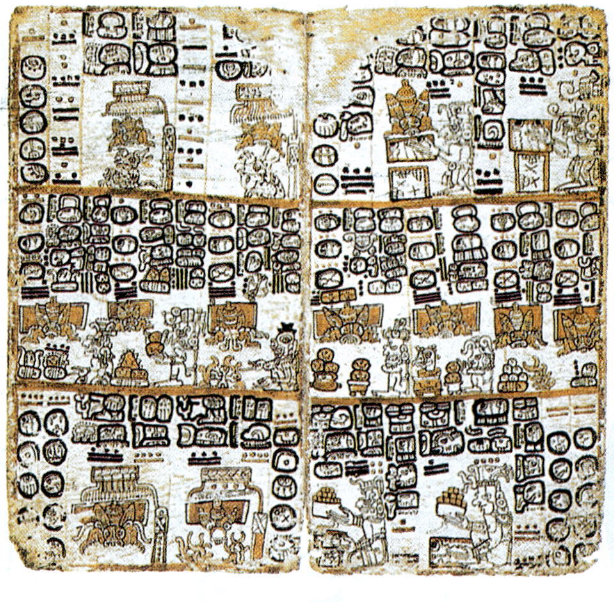

DIE KUNST DES SCHREIBENS

Die Maya verwendeten Hieroglyphen, um einzelne Phoneme ihrer Sprache oder auch ganze Wörter, Begriffe, Zahlen, Tage oder Monate darzustellen. Die Form der Zeichen vereint Naturalismus und Abstraktion. Der geschnitzte Muschelschmuck (siehe oben) verbindet zum Beispiel das Bild einer Tages-Hieroglyphe mit einem Porträt, das vielleicht einen der Heldenhaften Zwillinge darstellt. Hieroglyphen wurden nie rein dekorativ verwendet, obwohl weniger gebildete Vasenmaler sie manchmal ungenau kopierten und so ihre Bedetung verdunkelten.

Wald, Erde und Steine

LINKS: Uxmal liegt inmitten gestrüppartiger Vegetation im Norden Yucatáns. Sein Herzstück nannten die Spanier „Nonnenkloster“ – vier Bauwerke, angeordnet um einen zentralen Platz. Heute hält man den Komplex für das Verwaltungszentrum der Stadt. Seine oberen Fassaden sind mit komplexen Mustern heiliger Bildnisse, wie etwa Klapperschlangenhäuten, bedeckt.

Die Maya glaubten, daß Bäume, Felsen, Berge und sogar die Erde selbst eine spirituelle Dimension enthielten. Besonders wichtig waren die Berge, von denen sie annahmen, daß dort die Heimat ihrer Ahnen sei. In ihrer Architektur und ihren Skulpturen spiegeln sich sowohl die Strukturen des Kosmos als auch der irdisch-natürlichen Welt wider. Die Pyramidentempel der Maya mit ihren hohen Dachkämmen symbolisieren die Berge. Die großen weiten Plätze stellen Teiche oder Seen dar, und die hoch aufragenden Steinsäulen wirken fast wie die Bäume eines Waldes.

UNTEN: Ausschnitt eines spätklassischen Bauwerks in Labna. Es zeigt die für den Puuc-Stil typischen dekorativen Züge. Die Adeligen verzierten ihre Steingebäude, um die einfachen strohbedeckten Hütten der gewöhnlichen Leute zu imitieren. Die Photographie zeigt, wie der Stein gemeißelt ist, damit er geschnitzten hölzernen Pfosten ähnelt.

YAXCHILÁN: DIE GEISTER DES WALDES

Yaxchilán liegt tief im Regenwald von Chiapas, an einer Biegung des Flusses Usumacinta. Heute sind seine Ruinen unter den Bäumen versteckt. Schwer zugänglich, trägt es den Nimbus des Geheimnisvollen. Doch während der klassischen Zeit befand sich Yaxchilán im Herzen einer der meistbevölkertsten Maya-Regionen. Wie bei den meisten anderen alten Maya-Städten ist nicht genau bekannt, wie seine Bewohner diesen Ort nannten. Den Namen Yaxchilán erhielt die Ruine im 19. Jahrhundert von einem österreichischen Forscher, doch die Hieroglyphen aus der Gegend legen eher einen Namen wie „Platz des zerbrochenen Himmels“ nahe.

An drei Seiten vom Usumacinta-Fluß umgeben, nimmt Yaxchilán eine gute Verteidigungsposition ein. Die Stadt erstreckte sich bis in das Hügelland hinauf. Riesige Terassen wurden in den steilen Abhang hineingebaut, und viele der

Das Gebäude Nr. 33 wurde während der Herrschaft von König Vogel-Jaguar in der zweiten Hälfte des 8. Jahrhunderts n. Chr. errichtet. Ursprünglich hatte es eine hieroglyphengeschmückte Treppe, in die Szenen des Ballspiels gemeißelt waren.

wichtigsten Tempel lagen auf der Spitze der höchsten Hügel. Man denkt, daß einige dieser Konstruktionen als astronomische Observatorien dienten. Am Morgen der Sommersonnenwende konnte man in solch einem Tempel die Sonne aus einer Kluft zwischen zwei hohen Bergen am östlichen Horizont aufgehen sehen. Nach dem Glauben der Maya zeigte dieses Schauspiel den Aufgang der Jaguar-Sonne (siehe S. 70–71) aus der Unterwelt.

Eine architektonische Besonderheit von Yaxchilán liegt im großen vertikalen Dachkamm. Solche Mauerwerke vergrößerten die Höhe der Tempel beträchtlich. Nach dem Maya-Glauben berührten die langen Spitzen die Heimat der Ahnen. Auf den Plätzen zwischen den „Steinbergen" gab es eine große Zahl von Stelen. Die Maya nannten sie *te tun* oder „Baum-Stein". Diese Stelen gaben nicht nur Auskunft über wichtige Ereignisse, sondern stellten auch den Wald rund um Yaxchilán dar. Die Stadt war also eine Wiedererschaffung der natürlichen Umgebung.

Viele der erhaltenen Steinmonumente von Yaxchilán tragen Inschriften, die die Geschichte der Stadt dokumentieren. Die Gebäude haben oft gemeißelte Türstürze (siehe Abbildungen S. 12; 110–113), die man heute für die größten Maya-Kunstwerke hält. Die Inschriften erzählen von Königen, die bis auf den Gründer von Yaxchilán, Jaguar-Penis, der 320 n. Chr. den Thron bestieg, zurückgehen. Seinen größten Reichtum erlangte Yaxchilán unter Schild-Jaguar II. und seinem Sohn, Vogel-Jaguar III., die von 681 bis 760 n. Chr. regierten. Doch der Erfolg Yaxchiláns war leider nicht von Dauer. Nur wenige Jahre nach Vogel-Jaguars Tod wurde die Stadt aufgegeben und erst über 1000 Jahre später wiederentdeckt.

RECHTS: Dieser Türsturz, entdeckt in El Passadita, einer Stadt in Guatemala, die von König Vogel-Jaguar von Yaxchilán beherrscht wurde, zeigt den König, der ein Ritual zur Vollendung einer 10-Jahres-Periode oder eines halben *katun* ausführt. Vogel-Jaguar (links) steht einem Verwalter der Stadt gegenüber und trägt ein erlesenes Kostüm, das seinen überlegenen Rang ausdrückt. Er bringt gerade ein Blutopfer aus seinem Penis dar. Die getüpfelten Ströme, die über seine Hände fließen, stellen das königliche Blut dar.

Die Gebäude Nr. 10 und 13 in Yaxchilán umgrenzen den Hauptplatz, der sich in erhöhter Lage nahe des Flusses befand. Beide wurden während des frühen 8. Jahrhunderts n. Chr. erbaut.

HEILIGE BERGE

Einer der eindrucksvollsten Aspekte jeder verfallenen Maya-Stadt in den Regenwäldern des Tieflandes von Guatemala und der umliegenden Gebiete ist der Anblick der Pyramidentempel, die den Wald überragen. Das Maya-Wort für solche Pyramiden war *witz*, was auch „Berg" bedeutet. Nach dem Glauben der alten Maya, der sich auch noch bei den heutigen Maya von Chiapas wiederfindet, beherbergten die Berge die Seelen der Ahnen.

Für die Tiefland-Maya lagen die nächsten hohen Gipfel Hunderte von Meilen entfernt. Sie mußten also künstliche Berge in Form von großen Steinpyramiden im Herzen ihrer Städte errichten. Obwohl alle Pyramiden als Wohnstätten für die Seelen der verehrten Ahnen dienten, enthielten viele auch die tatsächlichen Gräber großer Könige. Auf der Spitze der Pyramiden standen Tempel, wo die Götter angebetet wurden. Eine große Prozession auf die Pyramide bildete den Höhepunkt

Wie man hier am Tempel der Inschriften (Palenque) sehen kann, sind nicht nur die Treppen steil, sondern auch die Stufen sehr eng, so daß man die Füße seitlich drehen mußte. Es mag Teil des Rituals gewesen sein, den Aufstieg zum heiligen Tempel, so schwierig wie möglich zu gestalten, um dafür eine größere Belohnung zu erhalten.

zahlreicher Zeremonien der Maya. Pyramiden erinnern durch Zahlensymbolismus an ihre kosmische Bedeutung. Tempel in Tikal und Palenque sind in neun Ebenen unterteilt, die die neun Schichten der Unterwelt repräsentieren. Die Maya glaubten, daß der König nach seinem Tod diese in einer langen Reise durchqueren würde. Der Tempel II in Tikal war allerdings in drei Ebenen gebaut. Diese dreifache Anordnung spielt auf die drei Feuersteine der Schöpfungsmythologie an und auf das Versprechen der Rückkehr des Maisgottes in das Diesseits (siehe S. 97).

Der Tempel II in Tikal (8. Jh. n. Chr.) steht auf dem zentralen Platz. Dahinter erheben sich die Dachkämme von Tempel III und Tempel IV wie Berggipfel aus dem Wald.

PYRAMIDEN DER MAYA

Der Umfang der Pyramiden differierte beträchtlich. In Tikal, das im Regenwald von Petén liegt, sind sie groß, mit schmalen Seiten und extrem steilen Treppen – manche erreichen eine Neigung von 70 Grad. In Chichén Itzá jedoch hat die Hauptpyramide (oben) eine quadratische Basis und ist gedrungen. Die furchterregende Schlange erinnerte daran, daß die Pyramidentempel Zugang zu den kosmischen Bereichen eröffneten (siehe S. 112–115). Trotz aller Unterschiede hatten die Maya-Pyramiden zwei grundlegende Funktionen: Sie waren Tempel mit Heiligtümern zur Anbetung, für gewöhnlich an der Spitze, und sie waren Begräbnismonumente, die oft königliche Krypten enthielten.

PALENQUE: DER RUHM DES KÖNIGS PACAL

Die zerstörte Stadt von Palenque im Norden von Chiapas liegt an einem idyllischen Platz. Sie unterscheidet sich in ihrer Erscheinung von anderen zentralen Tieflandorten der Maya, da ihre Architektur viel heller und feiner im Stil ist. Komplexe Steinreliefs, die oft in leuchtenden Farben die Herrscher und ihre Familien abbilden, bedeckten einst ihre Bauwerke. Nur wenige Reliefs sind erhalten. Das Zentrum von Palenque wird durch den Palast beherrscht. Dieser hat einen quadratischen Turm, der in dieser Region einzigartig ist.

Viele der noch erhaltenen Bauwerke wurden auf Befehl König Pacals (603–683 n. Chr.) und seines Sohnes Chan-Bahlum errichtet. Unter Pacals Herrschaft erlebte Palenque ein Goldenes Zeitalter, in dem Kunst und Architektur sorgfältig gepflegt wurden. Der Herrscher nutzte die Kunst als Mittel,

Der Bau des Palastes von Palenque dauerte über zwei oder drei Jahrhunderte lang. Er besteht aus einstöckigen Ebenen mit Höfen. Die Außenwände waren einst mit farbigen Reliefs bedeckt, die Innenwände mit gemusterten Stoffen ausgehängt.

Die Gruppe der Tempel des Kreuzes besteht aus einer eleganten Anordnung von drei Tempeln. Während der Regierung Chan-Bahlums bildeten sie den heiligsten Ort in Palenque.

die Geschichte zu manipulieren, besonders um damit seine Erbfolge zu legitimieren. Pacals Sohn Chan-Bahlum setzte das architektonische Programm seines Vaters fort, indem er eine Gruppe von drei Pyramidentempeln erbauen ließ: den Tempel des Kreuzes, den Tempel des Blätterkreuzes und den Tempel der Sonne. Diese Tempel wurden auf Pyramiden errichtet und sollten die Formen der entfernten Berge nachahmen (siehe S. 38–39). In jedem Tempel befand sich ein kleines inneres Heiligtum, genannt *pib na* („Untergrund-Haus"). An ihren Rückseiten erzählen gemeißelte Steinbilder, die von langen Hieroglyphen-Texten begleitet werden, die Schöpfungsgeschichte und die Geburt der ersten Götter.

Auf einer dieser Steinplatten sieht man Pacal und Chan-Bahlum an den Seiten des Weltenbaumes (siehe S. 100 -101) so stehen, daß sie sich beide im Zentrum des Maya-Kosmos befinden. Auf einer anderen Tafel wurde der Weltenbaum durch eine riesige Maisstaude ersetzt, die statt der Kolben menschliche Köpfe trägt. Dies erinnert an die im *Popol Vuh* erzählte Schöpfungsgeschichte, in der die ersten Menschen von den Göttern aus Maismehl geformt werden (siehe S. 98–99). Ein drittes Steinbild zeigt Pacal und seinen Sohn auf beiden Seiten eines Kriegsschildes, geschmückt mit dem Kopf der Jaguar-Sonne und einem Paar gekreuzter Speere.

Diese Meisterwerke kann man verschieden deuten. Sie erzählen eine Menge über die Vorstellung der Maya von der Welt. Die Hieroglyphen-Texte berichten von der Schöpfung und der Abstammung der Familie Pacals, die Bilder zeigen drei Eigenschaften, die ein Maya-König besitzen sollte: Der Weltenbaum bezeichnet die Fähigkeit, sich unter das irdische Reich zu begeben, um mit den Göttern und Ahnen in Kontakt zu treten; durch die Maispflanze sichert der König seinem Volk auch in Zukunft gute Ernten; der Schild und die Speere beziehen sich auf die Kühnheit, die der König im Kampf beweisen mußte.

Gegen Ende seines Lebens ließ Pacal sein eigenes Grabmal errichten, den Tempel der Inschriften. Als der große König 683 n. Chr. starb, legte man ihn im Inneren des Tempels in einem Sarkophag mit einem wunderbaren, gemeißelten Deckel zur letzten Ruhe (siehe Abbildung S. 101).

Vor dem Tempel der Inschriften (auf dem Photo rechts) befindet sich einer der längsten erhaltenen Maya-Texte. In Stein gehauen beschreibt und feiert er das Leben und die Familiengeschichte des berühmten Königs Pacal, der tief im Inneren des Tempels begraben ist.

DIE GEHEIMNISSE VON PALENQUE

Diese Ansicht Palenques zeigt das Stadtzentrum mit Blickrichtung auf das entfernte Usumacinta-Delta. Zur Linken steht der fast 30 Meter hohe Tempel der Inschriften. 1952 bemerkte der mexikanische Archäologe Alberto Ruz Lhuillier auf einer der Steinplatten entlang des Randes eine Reihe von Löchern, die auf einen Eingang hindeuteten. Als er sie anhob, entdeckte er eine steile, verschüttete Treppe. Diese wurde freigelegt und ein Grabmal im Inneren der Pyramide, die letzte Ruhestätte des Königs Pacal, der Palenque bis zu seinem Tod 683 n. Chr. regiert hatte, entdeckt. Außerhalb der Kammer lagen die Skelette von fünf geopferten Gefangenen. Innen befand sich der Sarkophag mit Pacals Leichnam. Sein Gesicht war

mit einer wunderbaren Jademaske bedeckt, und Jadefiguren wurden dicht an seinem Körper gefunden. Vor dem Tempel der Inschriften steht der große Palast, der um die 5020 Quadratmeter bedeckt und während des 7. und 8. Jahrhunderts n. Chr. erbaut wurde.

Das Gebäude besteht aus langen Räumen, die die inneren Höfe umgeben. An der Außenseite befinden sich zahlreiche, noch erhaltene Galerien, die nach außen offen sind. Ursprünglich waren große Teile des Palastes und der ganzen Stadt mit komplizierten, leuchtenden Reliefs geschmückt. Über dem Komplex erhebt sich ein ungewöhnlicher dreigeschoßiger, quadratischer Turm. Er könnte als Wachturm oder sogar als astronomisches Observatorium gedient haben.

Zeit, Schicksal und Prophezeiung

LINKS: Die Pyramide des Zauberers in Uxmal (Puuc-Region im Nordwesten Yucatáns) bot einen dramatischen Hintergrund für die heiligen Rituale, die das Schicksal des Königs und der Stadtbevölkerung bestimmen sollten. Auf ihrer Spitze sind zwei Tempel, von denen einer mit der typischen Ungeheuer-Maske geschmückt ist, die ein Zeichen für die besondere Heiligkeit des Raumes darstellt. Der Name der Pyramide stammt von den Spaniern und bezieht sich auf den Mythos, daß sie von einem Zauberer über Nacht erbaut wurde. Tatsächlich entstand sie zwischen 800 und 1000 n. Chr.

Die Maya waren von der Zeit und vom Himmel fasziniert. In der klassischen Zeit entwickelten sie einen der präzisesten Kalender, den es vor unserer modernen Zeit gab. Die Sterne und Planeten (besonders die Venus) wurden genauestens beobachtet, um Tabellen zu erstellen, die man zur Vorhersage der Bewegungen der Himmelskörper verwenden konnte. Die Astronomen-Priester der Maya nützten neben ihren eigenen Beobachtungen auch diesen komplexen Kalender für Voraussagen und Prophezeiungen, die den Rhythmus des täglichen Lebens der Menschen und ihre Zukunft bestimmten.

UNTEN: Prophezeiungen spielten bei der Kriegsführung der Maya eine zentrale Rolle. Sie wurden von den Bewegungen der Himmelskörper abgeleitet. Die meisten Kriege führte man, um Gefangene zu nehmen, die als Opfer für die Götter dienten. Diese spätklassische Tonfigur von der Insel Jaina zeigt einen solchen Gefangenen mit auf den Rücken gebundenen Händen. Sein würdiger Ausdruck legt nahe, daß er ein hochgestellter Adeliger sein könnte.

ASTRONOMIE UND ZAHLEN

Unter den alten Völker Mittelamerikas entwickelten die Maya die besten astronomischen Kenntnisse. Aufgrund sorgfältiger Beobachtungen beschrieben sie Auf- und Untergang der Venus, Sonnen- und Mondfinsternisse und die Veränderung der Konstellation der Sternbilder zu den verschiedenen Jahreszeiten. Diese Informationen, festgehalten in ihren Kodizes (siehe S. 26–29), waren für die Maya sehr bedeutend. Sie erklärten für sie nicht nur die Vergangenheit und die Gegenwart, sondern waren auch der Schlüssel für die Zukunft.

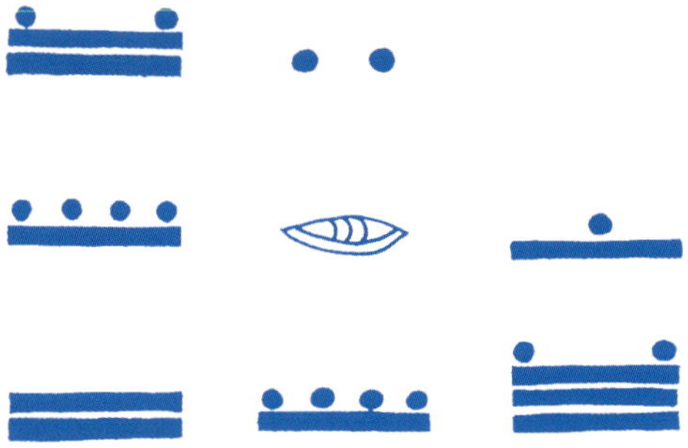

4990 809 137

Um die Bewegungen der Sterne und Planeten berechnen zu können, mußten sie mit großen Zahlen umgehen. Sie erreichten dies durch die Entwicklung eines „Vigesimal-Systems" (auf der Zahl 20 beruhend). Die Zahlen 1 bis 4 wurden durch die entsprechende Zahl einzelner Punkte dargestellt (.=1, ...=3); 5 war ein waagrechter Strich (–); 6 bis 19 wurden durch die jeweils nötige Anzahl von Strichen und Punkten erfaßt. Die Maya entwickelten auch ein Stellenwertsystem und den Gebrauch der Null (dargestellt durch ein muschelförmiges Symbol). Zahlen wurden in Kolumnen geschrieben (siehe rechts oben). Die unterste Linie stand für die Einheiten (1 bis 19), die nächste für die Vielfachen von 20, die folgende für die Vielfachen von 400 (20 x 20), dann für Vielfache von 8000 (20 x 20 x 20) usw. So konnten die Maya mit Millionenwerten rechnen.

UNTEN: Der späte nachklassische Madrider Kodex enthält das Bild des Gottes des Handels. In einer Hand hält er Hieroglyphen, die Mais darstellen, in der anderen vielleicht den Kopf eines Todesgottes. Hinter ihm sitzt der Maisgott. Obwohl es noch Rätsel birgt, könnte sich das Bild auf den Ertrag der Maisernte beziehen, dessen Ausmaß in der Hand des Gottes des Handels lag.

Dieser Ausschnitt einer bemalten Vase (8. Jh. n. Chr.) zeigt den Ausgang einer Schlacht, durchgeführt im Einklang mit der Stellung des Planeten Venus. Ein nackter Gefangener wird in die Stadt der Sieger gebracht. Hinter ihm der Führer der siegreichen Armee, vielleicht der Herrscher der Stadt, bekleidet mit einem Jaguarpelz, dessen Kopf an seiner Taille hängt. In einer Hand hält er eine bluttriefende Keule, in der anderen Schild und Speer.

DIE TIERE DER TIERKREISZEICHEN

Die Maya hatten Sternbilder, die sie vor allem als Tiere auffaßten. Das einzige Geschöpf, das sowohl bei den Tierkreiszeichen der Maya als auch in denen der westlichen Astrologie auftaucht, ist der Skorpion. Andere Tierkreiszeichen der Maya sind die Schildkröte, die einem Teil des Orion entspricht, das Moschusschwein, der Truthahn, der Jaguar, die Fledermaus und der Fisch. Viele dieser Tiere tauchen in der Mythologie und Kunst der Maya auf, vor allem die Schildkröte, die eine wichtige Rolle in der Schöpfungsgeschichte spielt. Sternförmige Zeichen, die auf Tierbildern erscheinen, verweisen oft auf eine himmlische Verbindung. Ein steinernes Tierkreiszeichen ist in Chichén Itzá zu sehen, die Tiere der Sternbilder in Bonampak.

ZYKLEN DER ZEIT

OBEN: Nur selten fand man eine Vase komplett mit Deckel. Dieses Beispiel ist besonders ungewöhnlich, denn es entstand um 300–400 n. Chr. Die Vase steht auf vier hohlen Beinen, und der Griff des Deckels ist als Wasservogel geformt. Die Hieroglyphen an den Seiten sind Tages-Zeichen des rituellen 260-Tage-Kalenders.

Die Kalender der Maya waren genauer als jene, die zur damaligen Zeit in Europa verwendet wurden. Aufgrund ihres Zahlensystems (siehe S. 50) basierten die Kalender auf Einheiten von 20. Jeder Zyklus von 20 Jahren wurde ein *katun* genannt. Es gab mehrere Kalender, die jeweils über das rituelle Jahr, das Sonnenjahr, die Mondzyklen und schließlich die Zahl der Tage informierten, die seit Beginn des laufenden Zeitalters, einem Zyklus von etwa 5200 Jahren, der am 12. Dezember 2012 endet, vergangen sind.

Der erste Kalender hatte 260 Tage. Ihn verwendeten die Priester für die Organisation der Rituale. Es gibt viele Erklärungen für den Ursprung der Zahl 260. Einige Theorien stützen sich auf die Astronomie, andere beziehen sich auf die ungefähre Dauer der Schwangerschaft. Jeder Tag des Kalenders hat seinen eigenen Namen, der aus einem der 20 Tages-Zeichen, kombiniert mit einer Zahl von 1 bis 13, besteht.

Der Sonnenkalender mit 365 Tagen ist einfacher. Er enthält 18 Monate zu 20 Tagen und zusätzlich einen von fünf Tagen, der als sehr ungünstig betrachtet und *Uayeb* genannt wurde. Der dritte Kalender, der lange Kalender, besteht aus der fortlaufenden Anzahl der Tage, beginnend mit dem Anfang des laufenden Zeitalters am 13. August 3114 v. Chr. Die Daten dieses Kalenders wurden gewöhnlich durch fünf Zahlen ausgedrückt. Beispielsweise steht bei 8.12.7.0.9 die Neun für die Zahl der einzelnen Tage, Null bedeutet die Anzahl der Monate, Sieben die der Jahre (jedes zu 360 Tagen), Zwölf bedeutet die jeweiligen Vielfachen von 20 Jahren und Acht die von 400 Jahren.

UNTEN: Die Daten für Aussaat und Ernte wurden mit dem 260-Tage-Kalender bestimmt, vielleicht wegen der Dauer der Schwangerschaft. Diese Figur (250 v. Chr. bis 100 n. Chr.) aus Guatemala zeigt eine schwangere Frau. Sie wurde wahrscheinlich bei Fruchtbarkeitsriten verwendet.

Jeder Tag des 260-Tage-Kalenders wurde duch eine Kombination eines der 20 Tages-Zeichen (hier in Rot) und einer der Zahlen von 1 bis 13 dargestellt. Der erste Tag wäre 1 *Imix*, der zweite 2 *Ik* usw. Am 14. Tag bleiben 7 Zeichen übrig, doch gibt es keine Zahlen mehr. An diesem Punkt kehren die Zahlen zu 1 zurück, was 1 *Ix* ergibt. Wenn die Zählung zum zweiten Mal bei *Imix* ankommt, wird die Zahl mit 8 gepaart. Es braucht 260 Tage, ehe die Zahl 1 und das Zeichen *Imix* wieder aufeinandertreffen, danach beginnt der Zyklus von neuem. Die 18 Monats-Zeichen und das Zeichen für den kurzen „Unglücks-monat" *Uayeb* sind hier in Blau abgebildet.

COPÁN: STADT AM RANDE DES KOSMOS

Copán liegt in Honduras am Ufer des Flusses Copán. Es war der östlichste der großen Maya-Stadtstaaten. Für die Maya lag Copán daher am äußersten Rand ihres Universums. Die Stadt wurde sicher schon im 1. Jahrtausend v. Chr. gegründet. Lange glaubten die Forscher, der Ort sei für die gesamte Maya-Zivilisation von besonderer kosmischer Wichtigkeit gewesen.

Die Bedeutsamkeit, die man hier vermutete, gründete sich auf den Altar Q, ein quadratisches Gebäude, das von Yax Pac in der klassischen Zeit errichtetet wurde. Der Altar bildet 16 Individuen ab, die von den Gelehrten lange für eine Konferenz von Astronomen aus allen Teilen der Maya-Region gehalten wurden, die sich angeblich in Copán versammelt hatten, um einen Standardkalender einzuführen.

Zwei große Plätze sind von der Akropolis, dem wichtigesten Komplex von Copán, aus sichtbar. Im Vordergrund der Hof der Hieroglyphischen Treppe, jenseits des Ballspiel-Platzes liegt der große Platz.

Diese Stele zeigt ein gemeißeltes Porträt des Königs 18-Kaninchen. Sein Kopfschmuck besteht aus göttlichen Masken, in den Armen hält er einen Stab mit der zweiköpfigen Schlange, Symbol des Königtums. Er trägt das Gewand und die Insignien des Maisgottes.

Das wachsende Verständnis der Maya-Hieroglyphen enthüllte jedoch, daß der Altar König Yax Pac und seine 15 Vorgänger zeigt. Trotzdem bleibt der Einfluß des Kosmos in etlichen Aspekten und Gebäuden der Stadt sichtbar.

König 18-Kaninchen, war für viele der erhaltenen Bauwerke des Ortes verantwortlich. Die Architektur, die während seiner Herrschaft entstand, zeigt ein starkes Interesse an kosmischen Strukturen, häufig symbolisieren ihre Formen die Himmelsbewegungen. Viele der Stelen auf dem Großen Platz im Norden Copáns zeigen 18-Kaninchen in Gestalt der verschiedenen Charaktere der Schöpfungsmythen der Maya. Die Lage der Stelen bezieht sich auf die Bewegungen der Planeten und Sterne.

Kosmische Beobachtungen formten die Gestalt Copáns als ganzes, doch beeinflußten sie auch die komplexe Reliefarbeit und die Skulpturen. Der innere Eingang zu Tempel Nr. 22 wird zum Beispiel von einer zweiköpfigen Schlange umrahmt, die die Milchstraße darstellen soll – die symbolische Achse des Maya-Kosmos. Die reichen Verzierungen dieses Geschöpfes enthalten viele astronomische Bezüge, und die seinen Körper umrahmenden Schnörkel sollen Wolken darstellen – für die Maya meist als Symbol des Himmels verwendet.

König 18-Kaninchen fand einen grauenhaften Tod. Nahe Copán lag die kleinere Stadt Quiriguá, die viele Jahre von ihrem Nachbarn beherrscht wurde. 734 n. Chr. bestieg ein neuer König, Stürmischer-Himmel, den Thron von Quiriguá. Vier Jahre später erhob sich Quiriguá gegen seinen Herrn. 18-Kaninchen wurde gefangen genommen und den Göttern geopfert.

Copáns wichtigster Ballspiel-Platz (siehe Abbildung S. 122–123), 738 n. Chr. eingeweiht, liegt zwischen der Akropolis und dem großen Platz. Der Ballspiel-Platz wurde als Eingang zur Unterwelt verstanden, und behauene Steinrondelle bilden Copáns König ab, wie er gegen einen Gott der Unterwelt spielt. Der Ballspiel-Platz wurde in der Geschichte Copáns etliche Male umgebaut, und Zeichen in Form von Araköpfen, die ihn begrenzen, sind aus früheren Perioden erhalten. Diese Vögel könnten eine mythische Person, 7-Aras, darstellen, der sich für die Sonne hielt und für seine Eitelkeit schrecklich büßten mußte (siehe S. 66–67).

In die Stufen des Tempels der Hieroglyphischen Treppe in Copán sind über 2000 Hieroglyphen eingemeißelt. Sie erzählen die Geschichte der Stadt und ihrer Herrscher. Der Tempel wurde unter König Rauch-Jaguar erbaut und 749 n. Chr. eingeweiht.

VENUS, PLANET DES SCHICKSALS

Die Astronomen der Maya hielten ihr Wissen in Kodizes fest, von denen nur vier erhalten sind. Diese Seiten des Dresdener Kodex zeigen Berechnungen zur Vorhersage des Erscheinens der Venus. Lahun Chan, der grimmige Gott der Venus, ist auf einigen begleitenden Bildern dargestellt.

Für die Maya war die Venus der wichtigste Himmelskörper nach Sonne und Mond. Die Gottheit Venus galt bei den Maya keineswegs als sanft und liebevoll, sondern als männlich und unheilvoll. Das Erscheinen des Planeten am Morgen- oder Abendhimmel kündigte das Auftreten negativer Einflüsse an. Zu solchen Zeiten mußten sich die Priester und das Volk spirituell und physisch auf Hunger, Dürre oder Krieg vorbereiten. Viele Maya glaubten, daß der Planet schädliche Strahlen aussandte und verrammelten ihre Fenster, wenn er sichtbar war.

Ohne astronomische Instrumente, sondern nur mit dem bloßen Auge und unglaublicher Geduld konnten die Maya-Priester über Generationen hin das Kommen und Gehen des Planeten mit großer Genauigkeit voraussagen. Dies war

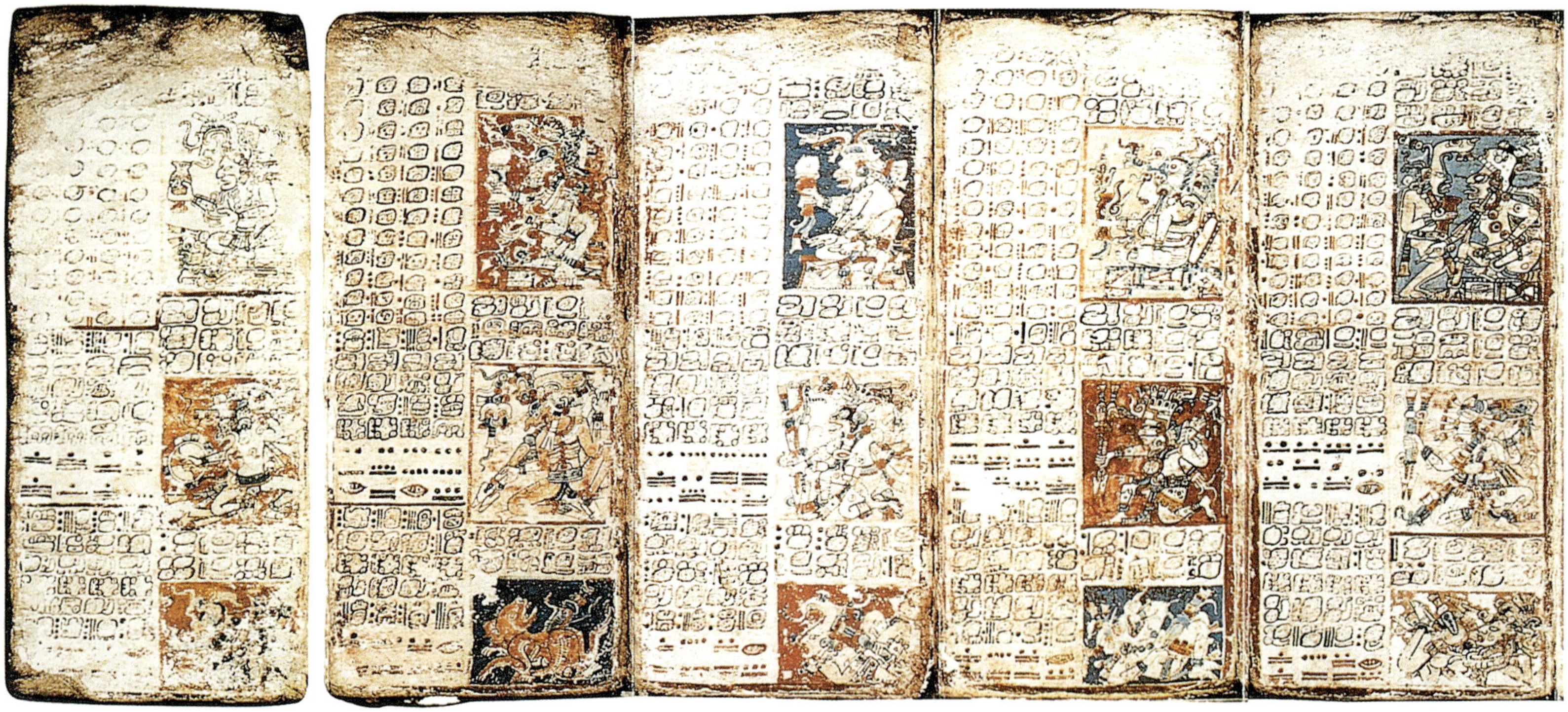

Dieses kreisförmige Gebilde (frühe nachklassische Zeit, Chichén Itzá) trägt den Namen Caracol (spanisch für „Schnecke“) wegen seiner im Inneren gelegenen spiralförmigen Gänge. Es handelt sich um ein Observatorium zur Aufzeichnung der Bewegungen der Venus. Die drei Gänge ins Caracol sind direkt auf Punkte am westlichen Horizont ausgerichtet, wo die Venus während ihres 584-Tages-Zyklus als Abendstern erscheint, darunter der südlichste und nördlichste Ort des Untergangs.

LINKS: Wenn die Venus vom Himmel verschwand, war sie in die Xibalba, die Unterwelt, hinabgestiegen. Auch jeder Maya-Herrscher, so glaubten die Maya, würde nach seinem Tod in die Unterwelt reisen. Falls er die Adeligen von Xibalba überwand, würde er als Venus am Himmel reinkarniert werden. Dieser spätklassische Teller zeigt einen dieser göttlichen Herren (Mitte unten), der aus Xibalba entkommt. Er hat seine Hand verloren, aber überlebt, um nun seinen Platz am Himmel einzunehmen. Der Text setzt seine Wiedergeburt mit dem Erscheinen der Venus gleich. Auf dem Himmelsband am oberen Rand des Tellers sind Venus-Hieroglyphen abgebildet.

nicht so einfach, wie es scheint. Von unserem Blickpunkt aus brauchen Sonne, Mond und Venus durchschnittlich 584 Tage, um zur gleichen Anordnung zurückzukehren. Doch der Zyklus der Venus kann praktisch jeden Wert zwischen 580 und 587 Tagen annehmen. Im Verlauf seines Zyklus ist der Planet von der Erde aus für 260 Tage vor der Morgendämmerung als Morgenstern und nach Sonnenuntergang als Abendstern sichtbar. Zwischen diesen beiden Perioden ist er unsichtbar, weil er entweder hinter oder vor der Sonne steht oder ihr so nahe ist, daß er mit bloßem Auge nicht sichtbar ist.

Die Maya bestimmten, daß der Morgen- und der Abendstern ein und derselbe Himmelskörper sind. Dann lernten sie, das Auftauchen der Venus vorherzusagen, und zwar mit einer Abweichung von 0,08 Tagen in 481 Jahren. Keine andere Kultur übertraf die Maya bezüglich ihres astronomischen Wissens. Die Astronomen-Könige beobachteten und zeichneten das Auftauchen des Sternes auf sowie die Zeitpunkte, zu denen dies mit dem Aufgang anderer Planeten zusammenfiel. Nach diesen Berechnungen planten sie ihre Schlachten. Die Venus blieb auch nach dem Tod von großer Bedeutung – viele wichtige Ereignisse während der Reise in die Unterwelt hingen mit dem Aufgang des Planeten zusammen.

An einem Tempel in Copán, erbaut von König Yax Pac, sind die Eingänge ins innere Heiligtum mit Texten bedeckt, die Ereignisse aus dem Leben des Herrschers mit kosmischen Bewegungen verbinden. Yax Pac verwendete sein Wissen über die Venus, um seinen Status als Regent zu sichern.

Gesichter des Göttlichen

LINKS: Diese Mosaik-Maske aus Jade (7. Jh. n. Chr.) ist die Totenmaske König Pacals. Die Augen sind aus Muscheln gearbeitet. Jade war das wertvollste Material der Maya, und dieses kostbare Objekt zeigt den Status des Königs als göttlichen Herrscher.

RECHTS: Jede Maya-Gottheit war mit einer Zahl verbunden. Dieser Steinkopf (Copán, um 770–780 n. Chr.) stellt den Gott der Zahl Null dar, der besonders grausam war – die in seine Wange gemeißelte Hand verweist auf die Praktik der Maya, dem Gefangenen bei der Opferung den Kiefer aufzuschlitzen. Der Kopf war Teil einer Gebäudefassade.

Die Maya hatten ein breites Pantheon von Göttern, daß die Kunst stark inspirierte. Viele Gottheiten waren mit der natürlichen Welt verbunden, vor allem mit den Zyklen des Ackerbaus. Andere verkörperten Himmelsphänomene wie Sonne, Mond und Venus. Auch die grausamen Götter der Unterwelt wurden oft im graphischen Detail auf Keramiken, die als Grabbeigaben dienten, abgebildet. Schließt man aus ihrer Kunst, dann dürften die Maya bei Feiern und Ritualen Masken getragen haben, um so die mächtigsten Götter und Göttinnen zu verkörpern. Auch menschliche Herrscher der Maya wurden in das Pantheon aufgenommen und beanspruchten Göttlichkeit.

DER HERR DES TAGES

UNTEN: Ein Porträt von 7-Aras, der falschen Sonne, bildet den Deckel eines frühklassischen Keramikgefäßes. Der Vogel wird in all seinem Glanz gezeigt, sein Schnabel verbirgt teilweise ein arrogantes Lächeln.

Die Sonne war im Leben der Maya sehr bedeutend. Sie gab Licht und Wärme und wurde als männliche Gottheit namens Ahaw K'in („Sonnengesichtiger Herr") verehrt. Während der Morgendämmerung war dieser Gott jung, bei Sonnenuntergang, wenn er seine Reise über den Himmel nach Westen vollendet hatte, war er alt geworden.

Darstellungen von Ahaw K'in zeigen ein grimmig blickendes Wesen mit nur einem Vorderzahn und Barteln, die ihm aus den Mundwinkeln ragen. Diese beziehen sich auf die Bartel der Katzenfisch-Kreaturen, in die sich die Heldenhaften Zwillinge nach ihrer Opferung (siehe S. 106–107) verwandeln. Nach ihrem Sieg über die Adeligen von Xibalba, steigen die Zwillinge als Sonne und Mond in den Himmel auf.

Die Hieroglyphe für *kin*, ein Symbol mit vier Blumenblättern, das „Sonne" oder „Tag" bedeutet, findet sich oft an der Stirn dieser Gottheit. Die Maya glaubten, daß sich die Sonne während der Nacht in einen Jaguar verwandeln würde und daß es eine Zeit vor der Existenz der Sonne gab. Eine der Mythen erzählt, daß in dieser dunklen Periode 7-Aras lebte, der hochmütig entschied, er könne wegen seiner weißen Zähne und seine leuchtenden Augen die Sonne sein. Die Heldenhaften Zwillinge zerstörten diesen Hochstapler, indem sie ihm als Heiler verkleidet, die hellen Zähne durch schmutzige ersetzten. Sein Gesicht zerfiel, und er starb.

RECHTS: Die Stuckmaske des Sonnengottes war einst Teil der Fassade der Hauptpyramide in Kohunlich, einem Ort im mexikanischen Staat Quintana Roo. Die Maske ist typisch für den Schmuck an den Seiten der Haupttreppen der Maya-Tempel. Diese Personifikation der Sonne schließt Bezüge zu den längeren Zyklen des Maya-Kalenders mit ein. Die Augäpfel sind Hieroglyphen für *Uinal* (ein 20-Tage-Monat der Maya), der Kopfschmuck enthält Elemente von *katun*, einer Periode von 20 Jahren, in der jedes Jahr 360 Tage umfaßt.

DIE KÖNIGIN DER NACHT

Die Mondgöttin der Maya wird oft als schöne, nackte Frau porträtiert. Eines ihrer Attribute ist eine schwarze Haarlocke, die die Form der phonetischen Hieroglyphe für „U“ hat (das Maya-Wort für „Mond“). Manchmal hält die Göttin einen Hasen in ihren Armen. Dies bezieht sich auf den Mythos, nach dem der erste Mond ebenso hell wie die Sonne war. Um ihren Glanz zu trüben, schleuderten ihr die Götter einen Hasen ins Gesicht. Die hier gezeigte zweite Figur von rechts wurde lange für eine ältere Version der Mondgöttin gehalten, eine Interpretation, die heute umstritten ist. Einige schöne Darstellungen der Göttin finden sich im Dresdener Kodex.

DER JAGUAR, HERR DES WALDES

Der Jaguar war das meistgefürchtetste Tier in den dichten Wäldern, die die alten Maya-Städte umgaben. Die Großkatze wurde wegen ihrer sonnenhaften und göttlichen Assoziationen sowie ihrer angeblich übernatürlichen Kräfte verehrt. Jaguare sind Nachttiere, und da sie mit Nacht und Dunkelheit gleichgesetzt wurden, standen sie auch in Verbindung mit Xibalba, der Unterwelt.

Nach dem Glauben der Maya reiste die Sonne beim Untergang in die Unterwelt, wo sie sich in einen Jaguar verwandelte. Dort mußte sie gegen die Herren des Todes kämpfen. Bemalte Maya-Vasen stellen die Jaguar-Sonne auf dieser gefährlichen Reise dar. Einige zeigen den Jaguar mit der Hieroglyphe für die Sonne (*kin*) auf seinem Bauch. Andere sind mit stilisierten Jaguar-Zeichen geschmückt, die die Sonnen-Hieroglyphe im Zentrum tragen. Eine Skulptur aus Izapa zeigt die Jaguar-Sonne über einem Feuer aufgehängt als Gefangenen der Herren der Unterwelt. Zum Glück für die Menschheit entrinnt die Gottheit immer aus den Klauen der üblen Fänger, um jeden Morgen wieder als Sonne aufzugehen. Wie der Löwe in der Alten Welt war auch die größte Katze Amerikas ein Emblem des Königtums. Die Maya-Herrscher trugen das Jaguarfell als Teil ihrer Insignien und brachten es den Göttern als Opfer dar. Viele Maya-Könige nahmen das Wort für Jaguar als Zeichen ihrer hohen Würde in ihren Namen auf.

Dieser Jaguar wurde so gemalt, daß er zur Form dieses Tellers paßt (600–900 n. Chr.). Drei hohle Beine an der Unterseite (hier nicht sichtbar) enthalten Kügelchen, die beim Schütteln rasseln. Dies und die Tatsache, daß der Jaguar einen enthaupteten Kopf hält, lassen vermuten, daß der Teller rituell verwendet wurde.

„Roll-out"-Aufnahme einer spätklassischen zylindrischen Vase. Sie zeigt drei Adelige beim rituellen Tanz. Ihre Kleider sind teilweise aus Jaguarfell gefertigt. Obwohl sich Wissenschaftler über die Bedeutung des Ereignisses nicht einig sind, zeigt sich seine Wichtigkeit durch den liegenden Jaguar (rechts), der die Szene von einem Baum oder Busch aus überblickt.

BESÄNFTIGUNG DER GÖTTER

Die Götter und Göttinnen der Maya mußten ständig besänftigt werden. Deshalb führten die Könige ständig Kriege, um Gefangene zu erbeuten, die dann den Göttern als Opfer dargeboten wurden. Ein solcher Raubzug ist auf diesem Bild, dessen bunte Farben durch computergestützte Rekonstruktion sehr lebendig wirken, abgebildet. In der Mitte geht ein besiegter Krieger zu Boden, der zerbrochene Speer deutet seine Niederlage an. Die siegreichen Herren von Bonampak werden von König Chan-Muan geführt, der ein Jaguarfell trägt, ein Symbol der königlichen Autorität. Der König faßt seinen Gegner am Haar, was bei den Maya ein Zeichen für Sieg war. Der Krieger zur Linken, der einen anderen Gefangenen ergreift, könnte der Herrscher von Lacanhá sein, einer Stadt, die in den beigefügten Glyphen als Verbündeter Bonampaks genannt wird. Wie Chan-Muan trägt dieser Maya-Häuptling einen verzierten menschlichen Kopf, vielleicht die Trophäe eines anderen Sieges, um den Hals. Chan-Muans Bemühungen, sich für sein Reich der Gunst der Götter zu versichern, blieben jedoch erfolglos. Diese Wandmalereien wurden leider nie fertiggestellt, und Bonampak selbst war, kurz nachdem sie gemalt wurden, eine verlassene Stadt.

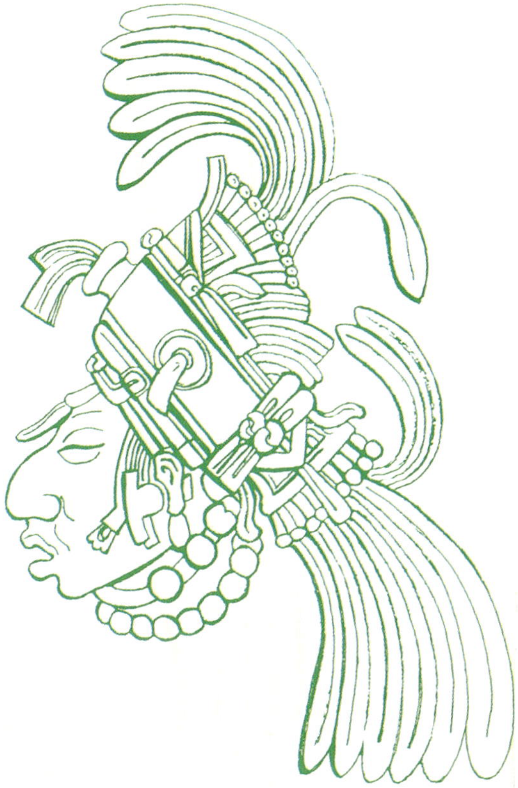

DER HEILIGE KÖNIG

Maya-Könige sorgten sich um das Bild, das die Öffentlichkeit von ihnen hatte. Als Ergebnis davon führten die Künstler standardisierte Methoden ihrer Darstellung ein, um ihren Status sichtbar zu machen. Die Maler zeigten zum Beispiel die Köpfe der Herrscher im Profil, um ihre künstlich abgeflachte Stirn zu betonen – ein Aspekt des Schönheitsideals der Maya. Die Könige verstanden sich als Manifestation der Gottheiten. Bilder ihrer kunstvollen Kleidung dienten als Ausdruck von Reichtum oder irdischem Status und schlossen Attribute bestimmter Götter (häufig des Maisgottes) als Symbole der göttlichen Natur des Herrschers mit ein.

DER REGENGOTT CHAC

Der Gott des Regens, Donners und Blitzes war Chac. Wie viele der Götter verehrten und fürchteten ihn die Maya zugleich. Er brachte den für das Wachstum des Getreides nötigen Regen, doch die Stürme und Blitzschläge des Gottes bedeuteten oft Tod und Verderben.

In Darstellungen wird Chac oft als blau gemalte Figur mit gebogener, hängender Nase, das Haar oben auf dem Kopf zusammengebunden, Barteln aus den Mundwinkeln hängend, gezeigt. Letztere haben manchmal die Form von Schlangen. Chac trägt eine Axt, mit der er gelegentlich, wenn er durch das himmlische Reich schreitet, auf einen harten Gegenstand schlägt. Die Funken werden dann in Blitze verwandelt, die auf der Erde einschlagen. Der Ton des Axtschlages rollt als Donner über den Himmel.

Chac ist eine der ältesten Gottheiten der Maya. Steinmetzarbeiten auf Stelen aus dem 2. Jahrhundert v. Chr. aus Izapa in Chiapas zeigen seine Doppelrolle. Auf einer Stele ist er als gütiger Gott, der Regen und Fischfang ermöglicht, abgebildet. Auf einer anderen Stele ist er der böse, axtschwingende Krieger.

Chac wird heute noch von den Maya angebetet. In Yucatán werden gegen Ende der trockenen Jahreszeit Schreine vorbereitet und kleine, an die Ecken der Altäre gebundene Knaben quaken wie Frösche, damit Chac Regen bringt.

UNTEN: Die Wichtigkeit des Regengottes Chac wird an der Fassade des Palastes der Masken in Kabah ausgedrückt, die mit Bildern seines Gesichts bedeckt ist. Das Gebäude ist ungefähr 46 Meter lang, sein Haupteingang war einst mit Steinplatten geschmückt, die zeigten, wie Gefangene gemacht wurden.

RECHTS: Diese Bilder Chacs aus dem Madrider Kodex zeigen den fackelschwingenden Regengott. Die Fackeln stellen Gewitter dar. In Blau wird Chac mit seiner gebogenen Knollennase gezeigt. Diese findet sich auch auf den Steinmasken von ihm, die viele Gebäude auf Yucatán schmücken. Der Gott wird gewöhnlich mit der Schlange, einem Symbol des Blitzes, assoziiert. Auf diesen Bildern wird der Regen, der sich in den Leibern zweier Schlangen befindet, gezeigt.

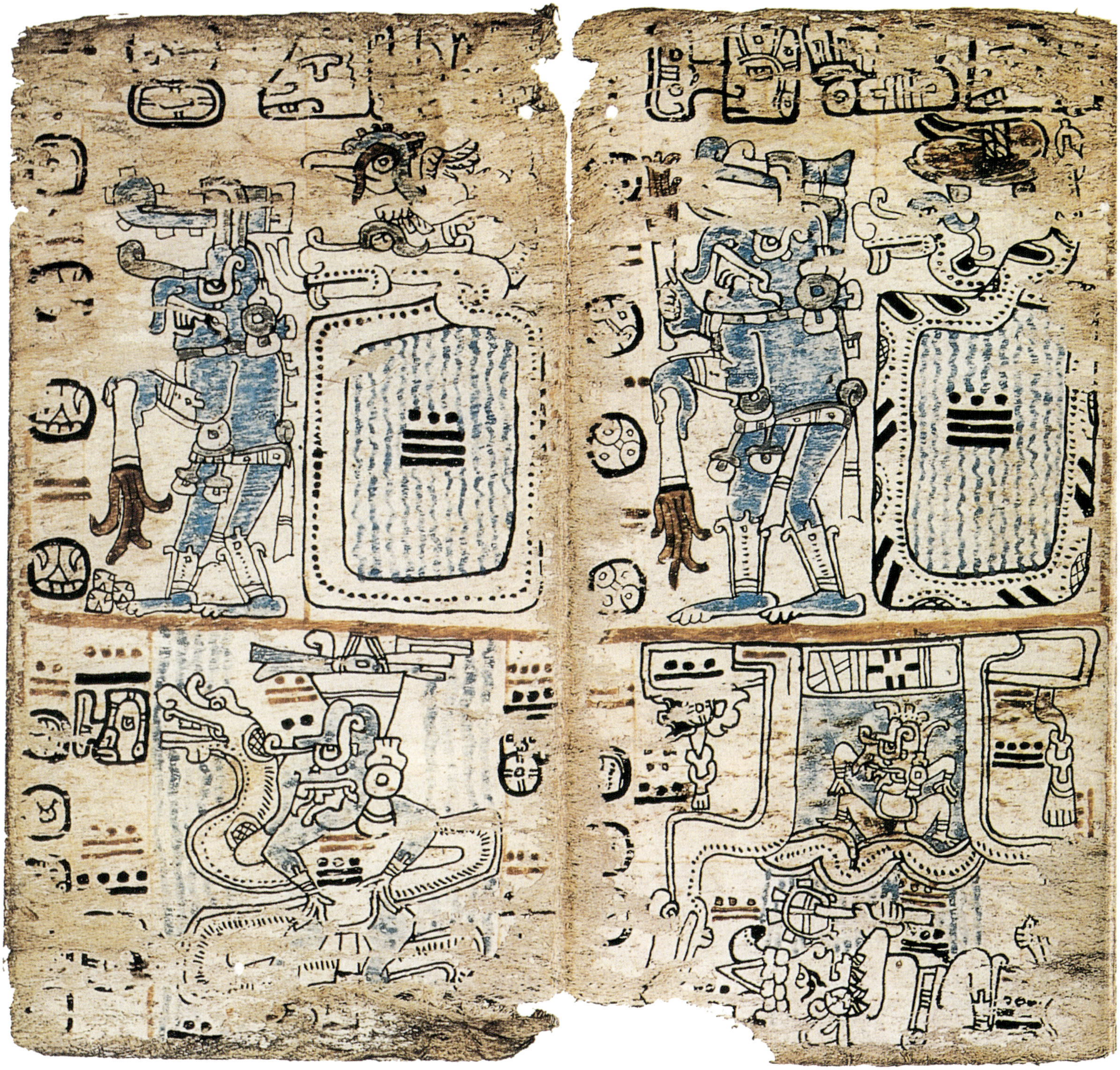

MASKEN DES REGENGOTTES

Eines der seltsamsten Bauwerke der Maya-Region ist der Palast der Masken in Kabah auf Yucatán. Dieses Gebäude (9. Jh. n. Chr.), das im Puuc-Stil errichtet wurde, besitzt eine mit etwa 260 identischen Masken bedeckte Fassade. Jede von ihnen hatte einst eine lange, gekrümmte Schnauze oder Nase, doch die meisten sind abgebrochen. Die Masken gelten oft als Bilder des Gottes Chac, der auch anderswo mit einer Hakennase porträtiert wurde. Der Regengott war für die

Menschen der Kabah-Region sehr wichtig, denn dies ist eine der trockensten Gegenden des ursprünglichen Maya-Gebietes. Ein anderer Name des Gebildes, Codz Poop („Rollmatte“), weist vielleicht auf seine administrative Funktion hin. Die Matte war ein Symbol der Autorität, weil sie als eine Art Thron gesehen wurde. Die Struktur des Bauwerks ist einfach: Die fünf Tore, die nach Westen zeigen, führen zu insgesamt zehn Räumen, die wiederum in zwei Fünferreihen angeordnet sind.

DER SCHÖPFER DES WACHSTUMS
Der Maisgott Hun Hunahpu war der für die Maya wichtigste Gott, weil er nicht nur die Schöpfung des gegenwärtigen Weltzeitalters hervorgebracht hatte, sondern auch über den Mais, das einzige Getreide der Maya, wachte. Er erscheint als junger Mann, dem oft Maisblätter aus dem Kopf sprießen. Seine Bedeutung zeigt sich dadurch, daß er die ganze klassische und nachklassische Zeit hindurch dargestellt wurde. Einige wunderbare Bildnisse des Gottes sind noch erhalten, darunter ein Steinkopf aus Copán (oben), der einen königlichen Palast schmückte, und ein Jadekopf, dessen grüne Bemalung vielleicht das noch unreife Getreide darstellt (ganz oben).

XIBALBA: ORT DES SCHRECKENS

Dieses Gefäß (7. bis 9. Jh. n. Chr.) zeigt den Moment, in dem Herr 1-Tod den Heldenhaften Zwillingen befiehlt, einander gegenseitig zu opfern. Hunahpu (links), die Axt in der Hand, steht bereit, seinen Bruder Xbalanque zu töten.

Die Maya-Unterwelt war als Xibalba oder „Ort des Schreckens" bekannt, und seine Bewohner waren tatsächlich zum Fürchten. Oft als kranke Geschöpfe mit geblähten Bäuchen und schlechtem Atem abgebildet, stießen die Xibalbaner Ströme von Exkrementen und Blähungen hervor (das moderne Maya-Wort für den Teufel ist *Cizin*, wörtlich „der Geblähte"), oft trugen sie Halsbänder aus ausgerissenen Augäpfeln. Die Herren der Unterwelt waren 1-Tod und 7-Tode. Sie wurden von niedrigeren Adeligen mit Namen wie Schorfkratzer, Blutsammler,

Dämon des Eiters, Dämon der Gelbsucht, Knochenzepter und Schädelzepter begleitet. Es war dieses Reich des Bösen, in das die Heldenhaften Zwillinge hinabstiegen, um den Tod des Vaters zu rächen (siehe S. 104–107). Doch nicht nur mythische Personen mußten sich mit den Schrecken Xibalbas auseinandersetzen. Die Maya glaubten, daß auch die Verstorbenen in die Unterwelt hinabstiegen, um dort mit 1-Tod und anderen Gestalten zu kämpfen. Von den großen Maya-Königen nahm man an, daß sie sich besonders schrecklichen Herausforderungen stellen mußten.

Diese spätklassische Vase bildet drei Xibalbaner ab. Die hier gezeigte Figur ist skelettartig, ihre Gedärme brechen aus dem Brustkorb heraus. Das Halsband besteht aus ausgerissenen Augäpfeln.

Nicht alle Abbildungen Xibalbas sind abstoßend. Eines der Meisterwerke der Maya-Kunst, die „Princeton-Vase", gibt ein ganz abweichendes Bild (siehe Abbildungen S. 26; 107). Hier wird ein Herrscher von Xibalba in einem luxuriösen Palast gezeigt. Der einzige Hinweis, daß die Szene in der Unterwelt spielt, sind die Heldenhaften Zwillinge, die ein Opfer darbringen. Xibalba wurde gewöhnlich als eine sich unter der Erde befindende Welt abgebildet, manchmal aber auch als Unterwasserwelt, mit Wasserlilien, Muscheln oder Krokodilen. Dann wurden Adelige auf der Reise nach Xibalba im Kanu dargestellt – die Maya glaubten, daß die Insassen beim Kentern eines Kanus in diese Unterwelt stürzen würden.

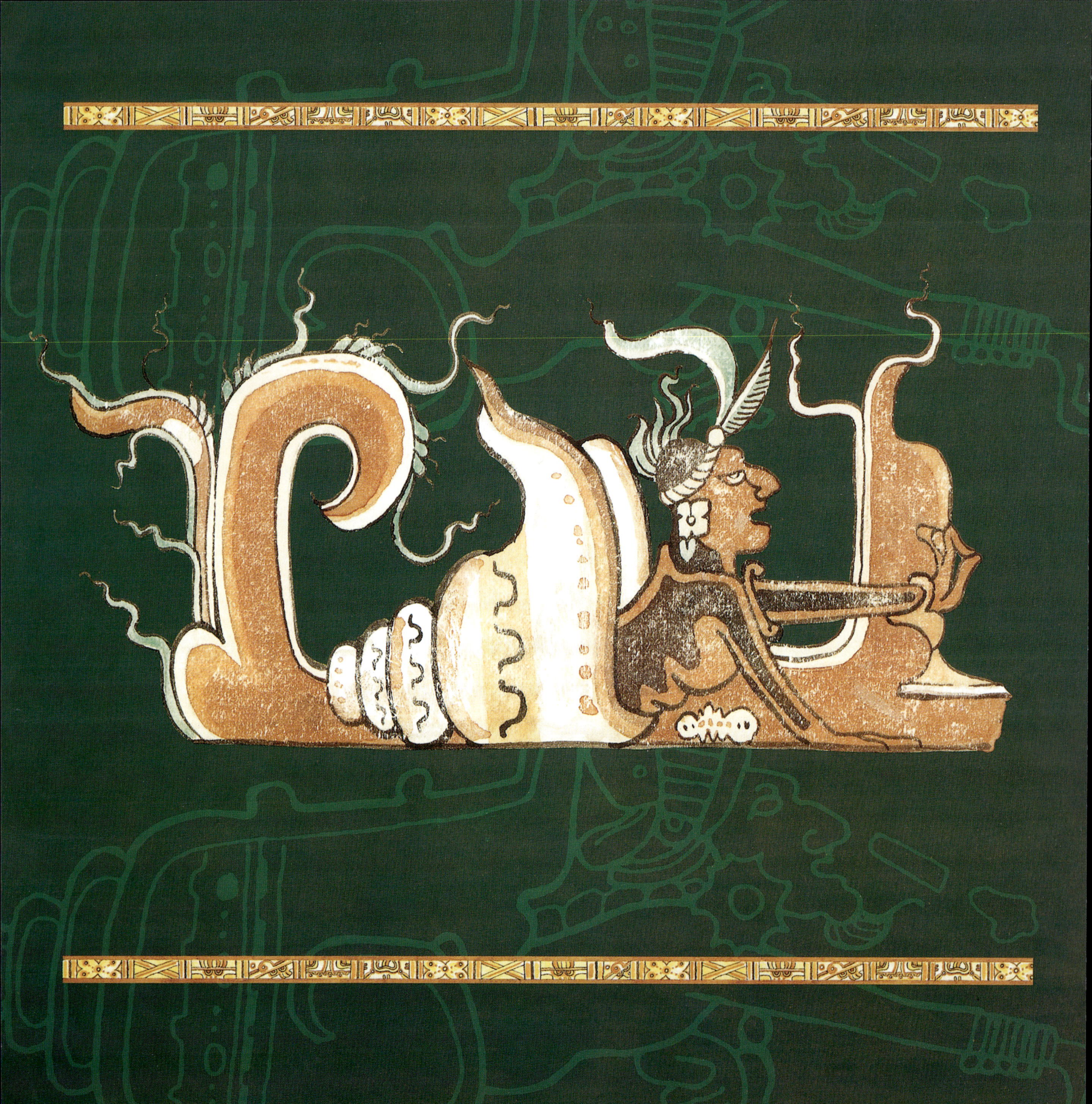

DER ALTE MANN DER UNTERWELT

Gott N oder Pauahtun war ein betagter Herr der Maya-Unterwelt, der verschiedene Funktionen hatte. Er hatte ein eingefallenes Gesicht mit Zahnlücken und eine Kopfbedeckung. Oft wurde er als Schreiber (oben) oder als Lehrer der Schreiber dargestellt. Die Abbildung des Gottes N mit einer Muschel bezieht sich auf den Moment, in dem Hunahpu (einer der Heldenhaften Zwillinge) den Gott aus einem Schildkrötenpanzer zog. Gott N wurde auch als Träger der Welt gesehen. Manchmal wird er mit einem Arm über dem Kopfe gezeigt, um das Gewicht zu erleichtern. Bei den heutigen Maya ist er Mam, der Gott des Inneren der Berge.

TANZ AUS DER DUNKELHEIT

Diese bemalte Vase aus der Gegend von Buenavista (Belize) wurde im Grab eines jungen Adeligen gefunden (frühes 8. Jh. n. Chr.). Sein Körper war auf eine Schicht von etwa 1300 Obsidian-Messerklingen gebettet und in feine Textilien und Leder gewickelt. Bekleidet war er mit einem Mantel aus Jaguarhaut und Fäustlingen aus Pfoten dieses Tieres. Die Vase stand bei seinem Kopf. Die zwei gemalten Figuren stellen beide Hun Hunahpu, den Maisgott (siehe S. 80–81; 94–97), dar, der einen mit Perlen verzierten Rock trägt, ein normalerweise von Frauen getragenes Fruchtbarkeitssymbol. Auf dem Rücken der beiden Figuren befinden sich kunstvolle Gestelle, die sich leicht unterscheiden. Beide enthalten ein mythisches Geschöpf in einem Miniatur-Tempel, geformt aus Elementen, die die drei Schichten des Kosmos darstellen: Der Boden des Tempels ist der Kopf eines Ungeheuers und bezeichnet die Unterwelt; die Rückwand besteht aus einer gewebten Matte, das Zeichen des irdischen Reichs; und das Dach ist ein Himmelsband, auf dem ein Vogel sitzt. Die Haltung der Arme und Hände des Maisgottes zeigt, daß er gerade tanzt. Tatsächlich tanzt er aus der dunklen Unterwelt, aus der ihn seine Söhne, die Heldenhaften Zwillingen, nach ihrem Sieg über die Bewohner von Xibalba befreit haben (siehe S. 104–107).

TIKAL: STADT DER TOTEN

Tikal war eines der mächtigsten Königreiche der Maya in der klassischen Zeit. In den dichten Regenwäldern der Petén-Region von Guatemala gelegen, fasziniert die riesige Ruinenstadt auch heute noch ihre Besucher. In ihrer Blütezeit (8. Jh. n. Chr.) war sie eine geschäftige Metropole mit etwa 80000 bis 100000 Einwohnern. Der Ort war wahrscheinlich schon Hunderte von Jahren zuvor besiedelt worden, wuchs um 600 v. Chr. an Größe, und im 2. und 3. Jahrhundert n. Chr. war Tikal eine der mächtigsten Städte der Maya.

Heute stehen Touristen auf dem großen Platz von Tikal und bewundern die sich rings um sie erhebenden Pyramiden. Archäologische Untersuchungen haben gezeigt, daß einige der eindrucksvollsten Gebäude dieser Stadt zu Ehren der Toten errichtet wurden. Die nördliche Tempelanlage enthält die

Der Große Platz von Tikal – einst die Bühne öffentlicher Feste – wird vom dreistufigen Tempel II (links) und der nördlichen Tempelanlage (rechts) flankiert. Plätze wurden als symbolische Seen betrachtet, die einen Zugang zur Unterwelt ermöglichten.

Tikals nördliche Anlage ist ein kompliziertes Gebilde aus Tempeln und Gräbern. In der späten vorklassischen Zeit bestand sie nur aus einigen Begräbnisschreinen, später wurde sie zur bedeutendsten letzten Ruhestätte der Könige Tikals. Eine Vielzahl architektonischer Stile kann in den Schichten der Konstruktion unterschieden werden, darunter der Einfluß des mexikanischen Teotihuacán (frühe klassische Zeit). Das mächtige Tikal hatte offenbar Kontakt zu Völkern, deren Siedlungsgebiete weit außerhalb des Maya-Reiches lagen.

Gräber vieler früher Tikal-Könige. Was wir heute sehen, ist das Endprodukt einer langen Entwicklung. Zu Beginn mag es nur eine kleine Plattform gegeben haben, die einen Pyramidenschrein trug (der erste wurde um 200 v. Chr. errichtet). Wenn ein nachfolgender Herrscher starb, wurde sein Grab über die früheren gebaut. Ausgrabungen haben gezeigt, daß viele der früheren Pyramiden riesige Reliefmasken an den Seiten der zentralen Treppen trugen. Möglicherweise stellten sie den Sonnengott dar.

Die Grabbeigaben zählen zu den besten, die man aus dem Maya-Gebiet kennt. Bemalte oder gravierte Töpfe zeigen die Herrscher auf dem Thron, umgeben von ihrem Gefolge. Das Grab wurde nicht für die endgültige Ruhestätte des Königs gehalten. Ursprünglich mögen die Töpfe mit Speisen und Getränken gefüllt gewesen sein, um die Verstorbenen nach dem Tode zu stärken. Besonders kakaohaltige Getränke wurden geschätzt. In einem Grab gefundene Knochen zeigen Abbildungen des Maisgottes, der in einem Kanu in die Unterwelt fährt, dabei begleitet von übernatürlichen Geschöpfen. Nach dem Glauben der klassischen Zeit wurde der Maisgott nach einer Zeit in der Unterwelt als Erschaffer der Erde wiedergeboren. Die Knochen aus dem Tikal-Grab legen nahe, daß man auch von den Königen glaubte, sie würden nach einer ähnlichen Reise siegreich zurückkehren.

RECHTS: Bei diesem kunstvollen Gefäß (entdeckt im Grab von Yax Kin) wurden kleine Jadeplättchen auf einen hölzernen Rahmen befestigt. Der Griff des Deckels stellt den toten König dar, der den Thron von Tikal 734 n. Chr. bestieg und etwa 20 Jahre regierte.

Die prächtigste Pyramide auf dem zentralen Platz, Tempel I, ist die Ruhestätte Ah Cacaus, der von 682–723 n. Chr. die Stadt regierte. Er ließ im Gebiet um die nördliche Tempelanlage Grabkammern anlegen, von denen vermutlich einige noch nicht entdeckt wurden.

Symbole, Mythos und Kosmos

LINKS: Zwei Seiten aus dem Madrider Kodex (frühes 16. Jh. n. Chr.) zeigen beide die vierfältige Natur des Kosmos und den 260-Tage-Kalender. Die Punkte und Hieroglyphen, die von den Ecken des Zentrums aus strahlen, stellen die Tage des rituellen Kalenders dar. Auf der rechten und der linken Seite finden sich je ein Paar von Göttern und eine Hieroglyphe für die Himmelsrichtungen. In der Mitte sitzen zwei Götter Rücken an Rücken. Diese Bilder symbolisieren den Glauben der Maya, die Welt sei quadratisch, nach den vier Hauptrichtungen ausgerichtet und habe eine zentrale vertikale Achse.

Die Maya hatten einen umfangreichen Schatz an Mythen und Sagen, die die Erschaffung der Welt und das Auftauchen der ersten Menschen erklärten. Einige dieser Erzählungen wurden kurz nach der spanischen Eroberung auf Papier festgehalten, andere sind als Hieroglyphen-Texte in Steinmonumenten eingemeißelt. Viele der Mythen berichten von den Taten der Götter, vor allem jenen der Heldenhaften Zwillinge. Der Kosmos wurde als Spiegelbild der Mythologie gesehen, denn die Mythen wurden jede Nacht neu in den Bewegungen der Sterne erzählt.

UNTEN: Dieser Ausschnitt aus einer spätklassischen Vase zeigt wahrscheinlich die Heldenhaften Zwillinge. Sie sitzen in traditioneller Haltung über einem Himmelsband.

VISIONEN DER SCHÖPFUNG

Nach dem *Popol Vuh* (16. Jh. n. Chr.) gab es am Anfang nur den Himmel und einen großen urtümlichen Ozean. Die Götter des Himmels und des Ozeans beschlossen, daß sie Geschöpfe brauchten, die sie anbeteten. Doch zunächst mußten sie einen Ort erschaffen, an dem diese leben konnten. Also sprachen sie das Wort „Erde", und sofort „tauchte sie auf wie eine Wolke oder Nebel und formte und entfaltete sich". Die Schöpfung wurde durch „vier Strecken, vier Ecken, vierfaches Abmessen, vier Pfosten, Halbieren der Schnur, Spannen der Schnur in den Himmel, auf die Erde, die vier Seiten, die vier Ecken" ausgedrückt. So vermaßen die Maya-Bauern auch ihre Felder oder *milpas*, ehe sie das Getreide pflanzten. Die mythologische Erschaffung der Erde spiegelte also einen Alltagsvorgang des Ackerbaus wider.

LINKS: Dieses Bild aus dem Dresdener Kodex (um 1400–1500 n. Chr.) wurde als Szene der Vernichtung eines vergangenen Weltzeitalters interpretiert. Nach der Maya-Mythologie muß jedes Zeitalter zerstört werden, um für ein neues Platz zu machen. Hier wird dieser Prozeß durch eine große Flut dargestellt, die aus dem Maul einer Himmelsschlange strömt. Eine alte Gottheit, Chac Ix Chel, verstärkt die Sturzflut, indem sie Wasser aus einem Krug leert, während unten ein Gott (vielleicht der Regengott Chac) mit einem Speer droht.

Das irdische Reich, das von zwei übernatürlichen Reichen oben und unten begrenzt war, wurde für quadratisch gehalten. Oben war das himmlische Reich, in dem viele Götter wohnten, unten drohte die gefürchtete Unterwelt (siehe S. 82–83), besiedelt von den widerwärtigen Adeligen von Xibalba. Einigen Mythen zufolge bestand der Himmel aus 13 Schichten, jede mit einer eigenen Gottheit, und die Unterwelt aus neun Schichten. Im Zentrum des Kosmos stand der Weltenbaum (siehe S. 100–101). Vier weitere Bäume, einer an jeder Ecke der Erde, stützten den Himmel.

Hieroglyphische Inschriften vervollständigen den Schöpfungsmythos. Viele geben das Datum der Schöpfung als 13.0.0.0.0 4 *Ahau* 8 *Cumku* (derart den 260- und den 365-Tage-Kalender kombinierend; siehe S. 54–55) an, was dem 13. August 3114 v. Chr. entspricht.

In dieser spätklassischen Vasenmalerei aus dem zentralen Tiefland werden die im *Popol Vuh* erwähnten Maßschnüre gezeigt, die von drei jungen Göttern angelegt werden. Die Szene symbolisiert den Schöpfungsprozeß im allgemeinen, doch der dunkle Hintergrund und die Tatsache, daß jede Schnur im Kopf einer himmlischen Schlange endet, bedeutet, daß diese Götter den Nachthimmel ausmessen.

LINKS: Auf diesem Ausschnitt einer Seite aus dem Madrider Kodex ist die Schildkröten-Konstellation abgebildet. Sie trägt die drei Feuersteine des Schöpfungsmythos auf dem Rücken. Die zwei der Schildkröte zugehörigen Elemente symbolisieren Sonnenfinsternisse, die als Zeichen großer Gefahr angesehen wurden – vielleicht wegen der Unsicherheit, die die Maya in Bezug auf den Schöpfungsprozeß fühlten.

RECHTS: Auf diesem spätklassischen Teller wird die Wiedergeburt des Maisgottes gezeigt. Er steigt mit Hilfe seiner Söhne Xbalanque (rechts) und Hunahpu (links) aus einem Schildkrötenpanzer. Der Kopf der Schildkröte taucht an einem Ende des Panzers auf, der Schwanz ist durch den Kopf einer Gottheit ersetzt.

An diesem Tag wurden laut Mythos die „Drei Steine der Schöpfung" aufgestellt. Da die Feuerstelle der Maya traditionell aus drei Steinen bestand, kann dieses Stadium als die Einrichtung der ersten Feuerstelle verstanden werden. Wak-Chan-Ahaw oder „Emporgehobener Himmelsherr" beanspruchte, diese errichtet zu haben. Er war der Maisgott (oft auch als Hun Hunahpu bezeichnet) und Vater der Heldenhaften Zwillinge. Er wird in der Unterwelt getötet, doch mit Hilfe seiner Söhne wiedergeboren, ein Ereignis, das durch sein Entsteigen aus einem Schildkrötenpanzer dargestellt wird.

Die Schildkröte spielt in den Schöpfungsmythen der Maya eine wichtige Rolle. In einigen Mythen ruht die Erde auf einer großen Schildkröte, die auf einem urtümlichen Ozean treibt. Die Konstellation des Orion wurde von den Maya als Schildkröte wahrgenommen, und drei Sterne des Orion sind eng mit den „Drei Steinen der Schöpfung" verbunden. (An den Wänden Bonampaks sind im Panzer einer Schildkröte die drei Gürtelsterne des Orions eingebettet, während sie im Madrider Kodex drei Feuersteine auf dem Rücken trägt.) Die Verbindung zwischen Orion und dem ursprünglichen Schöpfungsfeuer wurde in den modernen Maya-Mythen bewahrt. Jedes Jahr am 13. August, dem Jahrestag der Schöpfung, erscheint Orion am Himmel nahe dem Punkt, an dem die Milchstraße die Ekliptik kreuzt. Kurz vor der Dämmerung erreicht er seinen höchsten Stand, und genau jenen, wo der Maisgott wiedergeboren wird.

DIE ERSTEN MENSCHEN

Nachdem die Götter die Erde geformt hatten, erschufen sie Geschöpfe, die sie anbeteten. Zuerst machten sie die Tiere, aber deren einzige Gebete waren kreischende Laute. Dann formten sie einen Menschen aus Schlamm, der zwar sprach, jedoch nur Worte ohne Bedeutung, und er verwandelte sich schnell wieder in eine formlose Masse zurück. Als nächstes schufen die Götter Menschen aus Holz. Diese sahen menschlich aus, besaßen eine Sprache und begannen sich zu vermehren, aber sie hatten keine Seelen und ehrten ihre Schöpfer nicht. Die Götter beschlossen, die hölzernen Menschen zu zerstören und erzeugten dazu eine Vielfalt von Gefahren, darunter eine große Flut und Angriffe des gefürchteten Jaguars. Sie hetzten sogar die Haustiere und Kochutensilien gegen sie auf – ihre Töpfe verbrannten sie und ihre Wetzsteine zerrissen ihnen die Gesichter. Die meisten Holzmenschen wurden schließlich getötet. Die wenigen Überlebenden wurden in Affen verwandelt, die bis heute die Wälder bewohnen.

RECHTS: Die ersten Menschen wurden aus Maismehl erschaffen. Nach dem *Popol Vuh* soll die Göttin Xmucane die Körner neunmal gemahlen haben. Auf diesem Teller ist sie beim Mahlen abgebildet, wobei sie dazu traditionelle Werkzeuge benützt. Die *metate* ist der gewölbte Grundstein, meist auf vier Beinen stehend, auf dem die Körner gemahlen wurden; die *mano*, der zylindrische Stein, der über das Korn gerollt wurde, um es zu Mehl zu mahlen.

Dieser Tonaffe (oben), gefunden in Guatemala, hat ausgebildete Gliedmaßen und einen Kopf. Vermutlich war er ein Spielzeug. Im Schöpfungsmythos der Maya sind die Affen Ergebnis eines erfolglosen Versuchs der Götter, Menschen zu formen. Doch in anderen Geschichten sind die Affen angesehene Wesen – die Vase rechts zeigt einen Affen-Schreiber, der ein Halbbruder der Heldenhaften Zwillinge war.

Einen letzten Versuch unternahmen die Gottheiten, indem sie einige Maiskörner (das Hauptnahrungsmittel der Maya) sammelten. Eine alte Göttin namens Xmucane mahlte die Körner neunmal, fügte Wasser hinzu und formte daraus die ersten vier Menschen. Diese lernten rasch, wie man die Götter ehrt und ihnen geeignete Opfer darbringt.

DER KOSMISCHE BAUM

Für die Maya war die Welt quadratisch und flach. Jede Seite war nach einer der vier Himmelsrichtungen ausgerichtet und der gesamte Kosmos um eine zentrale Vertikalachse angeordnet. Jeder Richtung wurde einer besonderen Farbe zugeordnet: Rot, die Farbe der aufgehenden Sonne, stand für Osten; Schwarz, die Farbe des Todes, stand für Westen; Gelb für Süden und Weiß für Norden. Das Zentrum verband man mit Grün, der Farbe des Lebens.

Der Weltenbaum war die zentrale Achse, bei den Maya *wakah-chan* oder „Himmelsträger" genannt – eine Anspielung auf den Schöpfungsmythos, nach dem die Götter zu Beginn des gegenwärtigen Weltzeitalters den Himmel anhoben und ihn mit einem übernatürlichen Baum stützten. Der Weltenbaum diente auch als kosmischer Kanal, auf dem die Seelen der Toten reisen konnten. Seine Wurzeln lagen in der Unterwelt, der Stamm befand sich im irdischen Reich, und seine Zweige ragten bis in den Himmel.

Eine der schönsten Darstellungen des Weltenbaums findet sich auf dem Sarkophagdeckel des Königs Pacal von Palenque (siehe Illustration). Die symbolreiche Steinmetzarbeit zeigt Pacal im Moment des Todes im Rachen der Unterwelt. Aus diesem ragt der Weltenbaum empor. Obwohl Pacal den Stamm entlang ins Reich der Toten gleitet, drückt der himmlische Vogel auf der Spitze des Baumes die Hoffnung aus, daß der König wieder aus der Unterwelt aufsteigen und in das himmlische Reich eingehen wird.

UNTEN: Es gibt relativ wenige Darstellungen des Weltenbaums. Diese Darstellung (aus dem Dresdener Kodex) zeigt ihn links vom blauen Rechteck. Er kann aufgrund des geschwollenen unteren Stammes und der vorstehenden Stacheln als Kapokbaum, einer der größten Bäume in den Regenwäldern der Maya-Region, identifiziert werden. In den Ästen sitzt der Regengott Chac.

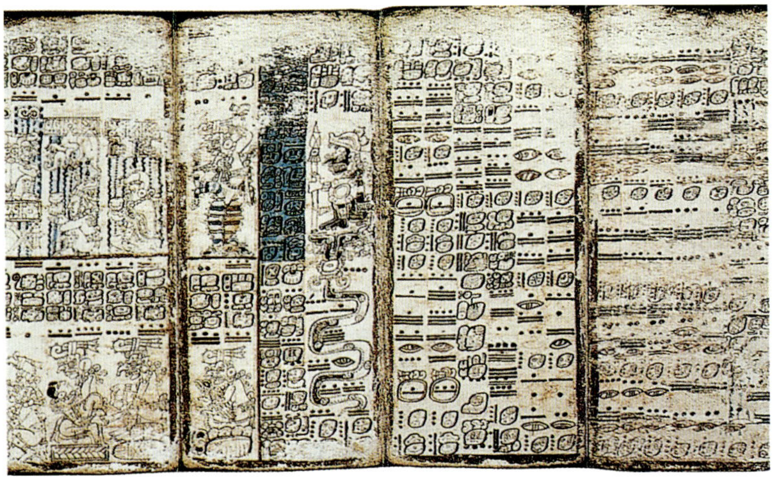

RECHTS: Der Weltenbaum ist das Hauptbild auf dem Sarkophagdeckel des Königs Pacal von Palenque. Doch auch die ihn umgebenden Symbole sind faszinierend. Zwei Himmelsbänder, die die Längsseiten des Deckels zieren, geben ihm den kosmischen Rahmen als zentrale Achse des Universums. Die Zeichen auf dem linken Band sind Hieroglyphen für Mond und Venus, und die *akbal*-Hieroglyphe, die Dunkelheit bedeutet. Auf dem rechten findet sich die *kin*-Hieroglyphe, die die Sonne darstellt. Die Himmelsbänder betonen den Kontrast zwischen der irdischen Welt, die der König verlassen hat, und der Unterwelt, in die er reist.

EIN SYMBOLISCHER BOGENGANG

Dieser eindrucksvolle Bogengang war einst der Haupteingang zu einem Palast in Labna (Puuc-Region auf Yucatán). Er trennt zwei Plätze – im Vordergrund ist der äußere Platz zu sehen. Auf dieser Seite des Ganges ist das Mauerwerk auf jedem Flügel mit einem abgestuften „V"-Motiv und von quadratischen Schnörkeln geschmückt. Diese einfache Form ist eine stilisierte Maske des Regengottes. Das abgestufte Muster stellt die Stirn und die Schnauze dar. Die Schnörkel sind die Augen und Zähne. Unter diesem Fries befindet sich ein horizontales Band mit einem Zick-Zack-Muster, das eine Schlange darstellt, die als Tor zu den höheren Ebenen des Kosmos angesehen wurde. Diese Form setzt sich auf der anderen Seite des Bogenganges fort und betont, daß der Palasteingang auch die symbolische Öffnung zu einem Heiligtum war.

DIE HELDENHAFTEN ZWILLINGE

Die berühmtesten Charaktere der Maya-Mythologie sind die Heldenhaften Zwillinge, Hunahpu und Xbalanque, deren Geschichte im *Popol Vuh* erzählt wird. Sie werden in Xibalba, der Unterwelt, empfangen, wohin ihr Vater, der Maisgott Hun Hunahpu (siehe S. 80–81; 86–87), gebracht wurde, weil er die Herren von Xibalba durch lautes Ballspiel gestört hatte. Der Vater wird enthauptet und sein Kopf in einem Baum aufgehängt. Als ein Unterwelt-Mädchen namens Blut-Mond am Baum vorbeigeht, spuckt ihr der Kopf in die Hand, und sie wird schwanger. Sie flieht vor dem Zorn ihres Vaters in die obere Welt und gebiert Zwillinge. Der Vater hat bereits Zwillingssöhne, die die Neuankömmlinge nicht mögen und ständig belästigten. Als Antwort verwandeln Hunahpu und Xbalanque ihre Halbbrüder in Affen, die schließlich zu Gottheiten der Kunst werden.

UNTEN: Als eine der Proben müssen die Heldenhaften Zwillinge die Nacht im Haus der Mörderfledermaus Zotz verbringen. Diese Vase aus Chamá in Guatemala zeigt das schreckliche Tier, dessen grausame Natur durch die von seinen Flügeln herabhängenden, ausgerissenen Augäpfel gezeigt wird.

Die Zwillinge sind große Ballspieler, und der Lärm ihrer Spiele provoziert die Adeligen von Xibalba. Hunahpu und Xbalanque müssen über Flüsse von Blut und Eiter in die Unterwelt reisen. Sie sollen eine Reihe von Proben bestehen. In der ersten Nacht erhält jeder eine brennende Fackel und eine entzündete Zigarre. Diese sollen sie am Morgen genauso zurückgeben, wie sie sie erhalten haben. Die Zwillinge löschen sie aus und ersetzten die Fackelflammen durch rote Arafedern, die Zigarrenglut jedoch durch Feuerfliegen. So narren sie die Herren von Xibalba. Danach müssen sie Nächte in Häusern voll Messer, Jaguare, Kälte und Feuer verbringen. Am Ende werden sie im Haus von Zotz, der Mörderfledermaus, eingeschlossen. Um der Kreatur zu entkommen,

RECHTS: Eines der schockierendsten Bilder auf diesem Stuckrelief aus Toniná in Chiapas (frühes 8. Jh. n. Chr.) ist der skeletthafte Todesgott, der einen abgeschlagenen Kopf am Schopf hält. Obwohl der Tote als Herr eines Nachbarortes identifiziert wurde, bezieht sich die Szene auch auf die Mythen des *Popol Vuh*, besonders auf die Ballspiel-Episode, in der Hunahpus Kopf als Ball benützt wird. Dies zeugt die Rattengestalt unten links – im *Popol Vuh* ist es die Ratte, die den Heldenhaften Zwillingen zeigt, wo die Ballspielausrüstung ihres Vaters versteckt ist.

Diese spätklassische Vase zeigt zwei Fische, die trotz ihres einfachen Aussehens voller Symbolik stecken. Nachdem die Heldenhaften Zwillinge in Xibalba geopfert werden, werden ihre Knochen in einen Fluß geworfen, aus dem sie später als Katzenfisch-Menschen wieder auftauchen. Die Barteln, die aus dem Kiefer der beiden Fische hängen, kennzeichnen sie als Katzenfische, was nahelegt, daß sie symbolische Darstellungen der Zwillinge sind.

benützen sie ihre magische Kraft und verstecken sich in ihren Blasrohren. Kurz vor der Dämmerung blickt Hunahpu aus dem Blasrohr, und Zotz reißt ihm dabei den Kopf ab. Die Adeligen von Xibalba zwingen daraufhin Xbalanque, beim Ballspiel den Kopf seines Bruders als Ball zu verwenden, doch der schlaue Zwilling schafft es, ihre Aufmerksamkeit lang genug abzulenken, um den Kopf wieder an den Körper zu fügen.

Danach rächen die Zwillinge ihren Vater. Sie lassen zu, daß sie in einer Feuergrube geopfert werden. Doch fünf Tage nachdem die Herren der Unterwelt ihre Knochen in einen Fluß geworfen haben, tauchen sie als katzenfischartige Wesen wieder auf.

Wegen ihrer magischen Tricks und Tänze werden die Heldenhaften Zwillinge immer beliebter. Als die beiden wichtigsten Herrscher von Xibalba von ihren Taten hören, bestellen sie die Zwillinge in ihren Palast. Den Brüdern wird befohlen, einander zu opfern. Sie tun es, doch beleben sie sich sofort wieder. Davon beeindruckt fordern die Herren von Xibalba sie auf, dieselbe Magie auch auf sie anzuwenden. Sie opfern die beiden Herrscher, doch erwecken sie sie nicht wieder zum Leben. So wird die Unterwelt schließlich bezwungen – eher durch List als durch Gewalt und Hunahpu und Xbalanque steigen in den Himmel auf, wo sie zu Sonne und Mond werden.

UNTEN: Die Heldenhaften Zwillinge erlangen die Aufmerksamkeit der Adeligen der Unterwelt, indem sie Menschen opfern und wieder zum Leben erwecken. Auf der „Princeton-Vase" sind sie bei dieser Handlung abgebildet. Hunahpu führt gerade eine Enthauptung durch, während sein Bruder zusieht.

Opfer und Rituale

LINKS: Auf diesem Tongefäß (um 720–830 n. Chr.) wird ein Adeliger im Trancezustand gezeigt, den er zum Zweck eines Selbst-Opfers erlangt hat. Bei diesem Ritual ließ man sich selbst zur Ader. Der Krug an seiner Seite mag ein berauschendes Getränk enthalten, um ihm die Prozedur zu erleichtern. Strahlend blaue Farbtupfer aus einem Pigment, das sich moderner Nachahmung bisher entzog, beleben seinen Kopfschmuck.

RECHTS: Diese Bestattungsfigurine aus Keramik sollte die Verstorbenen auf ihrer Reise zu den Göttern begleiten. Der Aderlaß bewies seine Verehrung für sie zu Lebzeiten.

Nach den Schöpfungsmythen mußten die Maya ihre Götter ständig besänftigen, um das Fortbestehen der Welt zu sichern. Vor allem Gefangene aus den Kriegen zwischen den rivalisierenden Maya-Königreichen wurden den Göttern geopfert. Das ganze Jahr über wurden Riten und Zeremonien vollzogen, um die Götter um Dinge zu bitten, wie zum Beispiel den Regen, die für das tägliche Leben von Bedeutung waren. Auch die Könige mußten mit Göttern und Ahnen in Verbindung stehen, deren Hilfe und Rat sehr wichtig war. Sie opferten ihr eigenes Blut in kunstvollen Ritualen, von denen viele in Malereien und Steinarbeiten gezeigt werden.

DAS BLUT DES OPFERS

Einst galten die Maya als ein Volk von friedlicher Astronomen-Priestern. Doch heute weiß man, daß sie ebenso wild und kriegerisch waren, wie ihre mittelamerikanischen Nachbarvölker. Die Herrscher führten Kriege, nicht nur um ihr Gebiet zu erweitern, sondern auch um Gefangene für Opfer zu machen. Sie vollzogen jedoch auch an sich selbst schmerzhafte Rituale. Reliefe aus Yaxchilán zeigen, wie grausam diese Vorgänge gewesen sein müssen. Auf einer Steinplatte (siehe Abbildung S. 111) wird Xoc, die Gattin eines Königs von Yaxchilán, dargestellt, wie sie sich eine mit Dornen versehene Schnur durch ein Loch in der Zunge zieht, während ihr Mann, Schild-Jaguar, eine brennende Fackel über sie hält. Ein gemeißelter Türsturz desselben Gebäudes zeigt die nächste Stufe der Zeremonie: Das von Xoe vergossene Blut wird, wie auf der zweiten Darstellung sichtbar (siehe Abbildung S. 113), auf Rindenpapier aufgefangen. Dieses wird

UNTEN: Dieses spätklassische Gefäß (aus einer nordamerikanischen Sammlung) zeigt eine Zeremonie der königlichen Nachfolge. Links ist ein vorausgegangenes Ritual abgebildet – der König opfert Blut aus seinem Penis, während sich ein niedrigerer Adeliger seine Zunge zerschneidet.

RECHTS: Eine der schrecklichsten Darstellungen des Aderlasses (8. Jh. n. Chr) wird auf Türsturz 24 in Yaxchilán gezeigt. Ursprünglich war dieses Steinrelief mit leuchtenden Farben bemalt. Der Künstler Ara Chac hat sein Werk mit Hieroglyphen in der linken unteren Ecke signiert.

entzündet, und Rauchspiralen steigen auf. Frau Xoc, die zur Vorbereitung vielleicht tagelang gefastet und auch halluzinogene Drogen eingenommen hat, sieht im sich kräuselnden Rauch ein Geschöpf, das Seher-Schlange genannt wurde. Dieses geschuppte Tier hat zwei Köpfe, aus den geöffneten Kiefern des einen ragt das Haupt des Kriegsgottes. Aus den Kiefern des anderen erscheint der Gründer der Yaxchilán-Dynastie Yat Balam oder Jaguar-Penis.

RECHTS: Der Höhepunkt des Rituals des Aderlasses wird auf Türsturz 25 in Yaxchilán gezeigt. In den Rauchspiralen, die aus dem brennenden Papier aufsteigen, zeigt sich die Seher-Schlange, aus deren geöffnetem Rachen ein heiliger Ahn steigt.

Ein Ziel dieses Aderlasses war wahrscheinlich das Erreichen eines Zustandes der Ekstase, in dem man die Barriere zwischen natürlichem und übernatürlichem Reich überschreiten konnte. Die Maya vermochten so mit Göttern und Ahnen zu kommunizieren, um ihren Rat oder ihre Hilfe zu erbitten. Die Seher-Schlange stellt in dieser Darstellung die Schwelle zwischen den beiden Bereichen dar. Die offenen Kiefer des Tieres fungieren als Tor, durch das Götter und Vorfahren das irdische Reich betreten können. Xoc bittet den Kriegsgott und einen Ahnen, Yat Balam, um Hilfe für ihren Gatten, der eine bedeutende Schlacht zu bestehen hat. Dieses Zeremoniell feiert auch die Thronbesteigung Schild-Jaguars in Yaxchilán und die Geburt des Königssohnes, Vogel-Jaguar. Diese Ereignisse fanden um 724–726 n. Chr. statt.

Der Aderlaß war für die Männer nicht weniger schmerzhaft. Zahlreiche kleine Tonfiguren zeigen Adelige im Schneidersitz, bereit sich mit Obsidianmessern oder Stechrochenstacheln den Penis zu zerschneiden. In unserer Zeit mögen diese Praktiken etwas seltsam erscheinen, doch für die alten Maya war dies eine Art der Kommunikation mit der übernatürlichen Welt. Solche Riten wurden am häufigsten von Königen und Adeligen durchgeführt (und wurden sicher als Privileg betrachtet). In den Kodizes finden sich Abbildungen, auf denen die Götter selbst ähnliche Akte des Selbst-Opfers zugunsten der Maya durchführen. Das Ritual des Aderlasses symbolisierte also eine gegenseitige Verpflichtung.

LINKS: Diese spätklassische Tonfigurine zeigt einen Mann, der sich in den Penis schneidet, um den Göttern Blut zu opfern. Für die Maya war dies ein Akt der Frömmigkeit. Die Figur ist als Gefangener gekleidet, doch könnte sie auch einen König darstellen, der diese Bekleidung als Zeichen seiner Demut trägt.

DIE SEHER-SCHLANGE

Während des Rituals des Aderlasses auf die Erde gerufen (siehe S. 110–113), war die Seher-Schlange für die Maya-Herrscher eine Verbindung zwischen der natürlichen und der übernatürlichen Welt. Sie hatte mit zwei Köpfe, jeden in einer der beiden Welten. Götter und Ahnen konnten in ein Maul eintreten, durch den Körper reisen und aus dem zweiten Kopf in die irdische Welt eintreten. Die Maya-Künstler schufen phantastische Darstellungen dieses Geschöpfes. Für gewöhnlich sind seine Rachen weit offen (oft ragt ein Kopf aus ihnen hervor). Die Seher-Schlange zeigte sich den Menschen als Milchstraße am Nachthimmel.

RITUELLE TEMPEL
Die nördliche Tempelanlage von Palenque besteht aus sechs Tempeln (Anfang des 8. Jh. n. Chr.). Wahrscheinlich wurden sie auf Befehl Kan Xuls, des zweiten Sohnes König Pacals, der zwischen 702–711 n. Chr. regierte, errichtet. Man nimmt an, daß sie für das Ballspiel bedeutsam waren, weil sie oberhalb von Palenques wichtigstem Ballspiel-Platz stehen. Von den Stufen aus konnte Kan Xul die Zeremonien und Opferungen überblicken. Der Tempel des Grafen, der hier zu sehen ist, ist nach dem exzentrischen Graf von Waldeck benannt, der das Gebäude während seiner Ausgrabungen in den 30er Jahren des 19. Jh. bewohnte. Frühe Beschreibungen berichten von Skulpturen, die das Dach schmückten. Leider ist keine erhalten geblieben. Sie könnten Kan Xul in der Gestalt der Hauptgötter Palenques gezeigt haben.

DAS SPIEL DER SEELEN

Die Maya teilten mit ihren Nachbarn die Vorliebe für einen Sport, der im alten Mittelamerika so universell verbreitet war, daß man ihn nur „das Ballspiel" nannte. Die Spielregeln für dieses Spiel waren überall sehr ähnlich und man nimmt an, daß sie aus dem 2. Jahrtausend v. Chr. stammen. Das Spiel fand auf einem „I"-förmigen Platz statt, der aus einem schmalen, langen Gang mit senkrechten oder ansteigenden Seiten und breiteren Endzonen bestand.

Diese Figurine (um 800 n. Chr.) von der Insel Jaina zeigt wahrscheinlich einen Ballspieler beim Einwurf, denn nur dabei durfte der Ball mit den Händen berührt werden.

Die ersten europäischen Augenzeugen berichten, daß das Ballspiel als öffentliches Vergnügen betrieben wurde. Doch die Spiele im Schatten der Tempel waren keine gewöhnlichen Spektakel zur bloßen Unterhaltung der Spieler und Zuschauer. Sie waren vielmehr Rituale, bei denen es um Leben oder Tod ging, denn die Verlierer wurden zu Ehren der Götter geopfert.

Die Verlierer waren oft Gefangene, geschwächt durch Hunger oder Verletzungen, und so war der Ausgang des Spiels meist keine Überraschung. Der Opferung der Verlierer konnte ein neues Spiel folgen, bei dem der Kopf eines Opfers in Latex gehüllt und als Ball verwendet wurde. Diese Figurine (siehe Abbildung links) porträtiert ein solches Opfer. Der Ball konnte größer als ein moderner Fußball sein oder so klein wie ein Baseball. Man nimmt an, daß die Bälle aus Holz, Leder oder Gummi waren. Die winzige Größe des Balls, den diese Figur hält, könnte ein Grund dafür sein, warum dieser Mann keine Schutzkleidung trägt. Doch es

In dieser Abbildung auf einem Gefäß (um 700 n. Chr.), das vielleicht aus Bonampak stammt, tragen Maya-Adelige beim Ballspiel Kopfschmuck und einen Schutzgurt. Die Stufen in der Mitte der Szene deuten die ansteigende Wand des Spielfeldes an, die begleitenden Hieroglyphen zeigen, dass einer der Spieler ein König sein dürfte, sein Hauptgegner vielleicht ein königlicher Gefangener. Trotz der dicken Schutzkleidung müssen Verletzungen durch den im Spiel verwendeten soliden Gummiball üblich gewesen sein – manchmal hatte das Geschoß einen Durchmesser von bis zu 45 Zentimetern. Die Spieler schlugen den Ball vor allem mit den Schultern, dem Rumpf, den Schenkeln und den Hüften. Spezielle Scheiben am Gürtel des Spielers halfen bei der Änderung der Ballrichtung.

OBEN: Ballspiel-Plätze hatten entweder vertikale Wände, wie der große Platz in Chichén Itzá, oder flach ansteigende Seiten. Dieser Platz in Copán hat leicht ansteigende Seiten. Vielleicht nutzten die Spieler diese Ebene auch, um dem Spiel eine zusätzliche Dimension zu verleihen.

gibt noch eine andere Erklärung: Sein vernarbtes Gesicht und der verbundene Unterarm weisen auf einen Mann hin, der sich dem Ritual des Aderlasses unterzogen hat, sie kennzeichnen den Spieler als ein Menschenopfer, das sein letztes Spiel spielt.

Die Regeln des Spiels sind nicht genau bekannt. Die Zeugnisse der Kunst und Archäologie stimmen weitgehend mit den frühen europäischen Berichten überein. Die Teams hatten einen bis vier Spieler. War der Ball im Spiel, durften ihn die Beteiligten nicht mit den Händen oder Füßen berühren. Die Spieler trugen einen speziellen Schutz an Schienbein, Unterarm und Hüften. Der Spieler, der den Ball an eine bezeichnete Stelle des Platzes schlug oder mit ihm einen Steinreifen, der hoch an der Wand hing, traf, erzielte einen Punkt. Das Endziel aber, mit dem Ball durch einen Reifen zu treffen, war so extrem schwierig, daß seine Erfüllung der

Höhepunkt eines jeden Spiels gewesen sein muß. Das Zentrum war manchmal durch eine behauene Steinscheibe markiert. Ein Beispiel dafür wurde auf dem Platz in Copán gefunden. Diese Scheibe ist mit einem Relief der Heldenhaften Zwillinge geschmückt.

Zwei gegen zwei war die üblichste Form des rituellen Maya-Spiels, das an den im *Popol Vuh* enthaltenen Schöpfungsmythos erinnert. Dort wird erzählt, wie die Heldenhaften Zwillinge (siehe S. 104–107) von den Göttern der Unterwelt gezwungen werden, an einem Ballspiel teilzunehmen. An einem Punkt des Spiels wird Xbalanque genötigt, mit dem Kopf seines Bruders zu spielen. Geschickt formt er aus Brei ein Abbild des Kopfes. Er spielt mit dem echten Kopf weiter, doch schlägt er ihn aus dem Feld. Der Mythos berichtet weiter, daß plötzlich ein Hase, der sich in der Nähe versteckt hält, aus dem Unterholz auftaucht. Während die Adeligen von Xibalba dem Hasen, den sie für den Ball halten, hinterherjagen, fügt Xbalanque den Kopf seines Bruders wieder an den Körper an und erweckt Hunahpu wieder zum Leben. Das Spiel geht weiter, bis der falsche Ball aus Brei zerfällt und die Herren von Xibalba merken, daß Xbalanque sie getäuscht hat. Beim Spielen dieses rituellen Ballspiels, belebten die Maya diesen mythischen Wettkampf der Unterwelt von neuem.

OBEN: Maya-Adelige wurden oft in kunstvollen Ballspiel-Kostümen abgebildet. Diese waren viel zu hinderlich und zu schwer, um während des Spiels getragen zu werden. Stattdessen mögen sie als rituelle Gewänder gedient haben, die die Herrscher und Adelige bei Zeremonien, die mit dem Ballspiel in Verbindung standen, trugen. Die Roben kopierten die Gewänder, die von echten Spielern beim Spiel getragen wurden.

TOR NACH XIBALBA

Der Ballspiel-Platz in Copán wurde 738 n. Chr. während der Herrschaft des Königs 18-Kaninchen eingeweiht. Das Bild zeigt den Blick vom Hauptplatz. Im Vordergrund steht eine Stele, die an Ereignisse aus dem Leben von 18-Kaninchen erinnert. Unterhalb des Gebäudes, das heute noch steht, befindet sich eine Reihe von Plätzen, die später überbaut wurde. Die zentrale Lage im Herzen der Stadt, zwischen dem Hauptplatz und der Tempelanlage, zeigen die Wichtigkeit des Ballspiels für die Maya. Der Ballspiel-Platz wurde als Eingang zur Unterwelt gesehen. Drei Steinplatten auf dem Boden des Platzes bildeten Markierungen für das Spiel. Jede Platte weist zwei Spieler mit einem Ball auf, und ihre Quaderform zeigt, daß sie Tore zum Übernatürlichen sind. Eine bildet das überlieferte Ballspiel zwischen den Heldenhaften Zwillingen und den Adeligen der Unterwelt ab (siehe S. 104–107). Ein späterer Herrscher Copáns, Yax Pac, ehrte den Erfolg von König 18-Kaninchen, indem er in einem Tempel einen falschen Ballspiel-Platz erbauen ließ. Dieser besaß drei rechteckige Markierungen; Muscheln symbolisierten die Oberfläche des Wassers der Unterwelt, aus der sich die Götter und Ahnen während der Opferriten manifestierten.

ZEREMONIELLER SCHMUCK

Die Maya-Herrscher und die höheren Klassen wurden für gewöhnlich in kunstvollen Kostümen porträtiert, die trotz ihres unglaublich komplizierten Aussehens genau dargestellt sind. Der Kopfschmuck und die Rückenstützen wurden unter Verwendung eines hölzernen Rahmenwerkes hergestellt, das mit Federn, Perlen, Stoffen, Muscheln und Jade besetzt war. Die Gewänder wurden nicht nur für das Schauspiel entworfen, sondern hatten auch symbolische Bedeutung. Die Kopfbedeckung und der Schmuck für Brust und Taille enthielten Bilder einer oder mehrerer Gottheiten. Der König trug diesen Putz, um sich zur Verkörperung der Götter auf Erden zu erklären und so seinen Regierungsanspruch zu rechtfertigen.

FESTE DES LEBENS

Musik und Tanz spielten im Leben der alten Maya eine wichtige Rolle. Sie waren ein wesentlicher Teil der heiligen Rituale. Festlichkeiten begleiteten bedeutsame Ereignisse wie etwa die Thronbesteigung eines neuen Herrschers oder die Einweihung eines Tempels. Dabei tanzten reich gekleidete Adelige zur Musik von Trompeten, Pfeifen, Rasseln und Trommeln. Ihre Kostüme waren aus leuchtend farbigen Federn und Jaguarfellen gefertigt, und die Teilnehmer hatten sich mit aus Jade und Muscheln hergestellten Juwelen geschmückt. Solche Zeremonien wurden etwa in den Wandmalereien in Bonampak dargestellt, die König Chan-Muan in Auftrag gab, um die Vorstellung seines Erben vor den Adeligen der Stadt im Dezember 790 n. Chr. zu feiern (siehe Abbildung S. 128–129).

Wie vieles Zeremonielle waren auch die bei solchen Ereignissen durchgeführten Tänze ein Wiederbeleben von Episoden der Mythologie, denn als die Heldenhaften Zwillinge (siehe S. 104–107) in die Unterwelt hinabstiegen, verkleideten sie sich als Tänzer. Die Herren der Unterwelt waren von ihrer Geschicklichkeit verblüfft, besonders vom Tanz des Gürteltiers, des Wiesels und eines Vogels namens Schwacher-Wille. Maya-Keramiken der klassischen Periode zeigen Szenen, in denen heilige Tänzer und Musiker Tierkleidung oder Tiermasken tragen – manchmal sind auch übernatürliche Geschöpfe abgebildet. Auch frühe spanische Berichte beschreiben Zeremonien, bei denen die Geschichte der Heldenhaften Zwilinge von kostümierten Tänzern wiederbelebt wurde. Ein solcher Text erklärt, wie die Darsteller der Zwillinge sich in ein Feuer zu werfen scheinen, später aber durch eine im Boden verborgene Falltür als die siegreichen Eroberer Xibalbas wieder auftauchen. Bei den heutigen Maya finden diese Feste und Tänze noch immer statt, doch in der modernen Version haben die spanischen Eroberer ihren Platz an der Seite der grausamen Herren der Unterwelt.

Zunächst sieht dieses Tongefäß wie ein Pokal aus, doch handelt es sich um eine kleine Trommel aus der spätklassischen Periode. Ursprünglich war ein Tierfell über die Oberseite gespannt, der Gegenstand wurde unter dem Arm des Spielers gehalten. Trommeln wie diese sind auf den Wandmalereien Bonampaks und auf bemalten Vasen abgebildet.

RITUELLE PROZESSION
Die Wandmalereien in Bonampak entstanden unter König Chan-Muan als Teil der Feierlichkeiten zur Bestimmung eines Nachfolgers. Eine große feierliche Prozession, die man auf diesem Ausschnitt sieht, wurde zur Einweihung eines Tempels veranstaltet. Das Datum des Ereignisses, der 15. November 791 n. Chr., war der Tag, an dem die Venus als Abendstern erschien. Bizarr gekleidete Tänzer tanzen zur Musik der Trompeten, Rasseln und Trommeln. Ein Teilnehmer trägt die Maske eines Flußkrebses mit riesigen Scheren. Andere Kostüme ahmen einen Kaiman und einen Karpfen nach. Die Tänzer, deren Kopfbedeckungen mit Wasserlilien geschmückt sind, verkörpern die Gottheiten der wasserhaften Unterwelt, um ihren Segen für König Chan-Muans Erben zu erhalten.

INSEL DER GRÄBER

Die Insel Jaina vor der Küste von Campeche war in der spätklassischen Zeit vor allem ein Begräbnisplatz. Ihre Lage im Westen von Yucatán war bedeutsam, weil die Insel vom Stammland aus gesehen auf dem Pfad der untergehenden Sonne lag. Diese stieg in der Nacht in die Unterwelt hinab, also war die Insel Jaina ein geeigneter Platz für die Toten, deren Seelen das Gestirn auf seiner nächtlichen Reise begleiten konnten. In alten Zeiten war die Insel wahrscheinlich über eine Holzbrücke erreichbar. Beim Überqueren des Wassers durchlebte der Körper einen symbolischen Übergang von dieser Welt in die nächste.

Die Gräber enthielten verschiedene rituelle Beigaben, doch die am häufigsten gefundenen waren kleine Tonfiguren. Die meisten von ihnen wurden mittels Formen gefertigt und waren ursprünglich mit hellen Farben bemalt. Einige enthielten Tonkügelchen und dienten als Rasseln, in andere waren Löcher gebohrt, so daß sie als Pfeifen benutzt werden konnten. Die feinsten Stücke waren handgefertigt und für Begräbnisse von höhergestellten Personen gedacht. Sie porträtieren Männer und Frauen verschiedenen Alters und Ranges. Viele bilden Krieger ab. (Die Insel mag als letzte Ruhestätte für jene gedient haben, die sich im Kampf verdient gemacht hatten.) Auch die Götter wurden abgebildet, am häufigsten die Sonnen- und Mondgötter, von denen man annahm, daß sie die Gefahren Xibalbas überlebt hatten. Diese Götterfiguren könnten als Symbole der Ermutigung und zur Begleitung für die Seelen der Verstorbenen gedient haben.

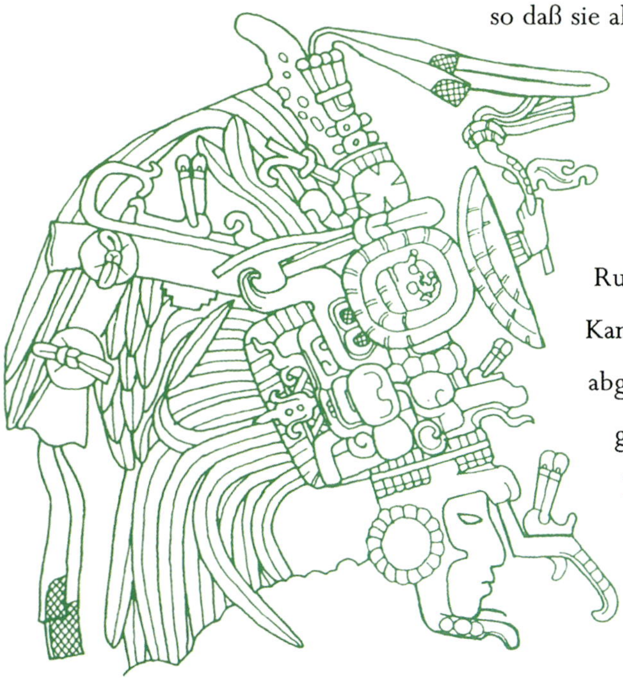

RECHTS: Diese grimmigen Krieger von der Insel Jaina sind aus festem Ton geformt (spätklassische Zeit). Einer ist mit einem Federkostüm bekleidet und trägt einen Vogel als Kopfschmuck. Der andere ist einfacher mit einem Wams und einem gegürteten Lendentuch bekleidet. Jede Figur trug einst einen Speer und einen Schild – leider ist nur ein Schild erhalten geblieben.

CHICHÉN ITZÁ: TEMPEL DER KRIEGER

Chichén Itzá im Norden der Halbinsel Yucatán war eine der letzten großen Maya-Städte. Sie erreichte während des 9. Jahrhunderts n. Chr. ihre größte Bedeutung. Der Name bedeutet „Öffnung der Quellen der Itzá" und bezieht sich auf zwei Dolinen, die nicht nur Wasser boten, sondern auch als göttlich angesehen wurden. Viele Opfergaben aus Gold und Jade wurden aus der größeren der beiden geborgen.

El Castillo, die breite, zentrale Pyramide von Chichén Itzá, hat eine ungewöhnliche Form. Am Fuße einer der Treppen werden die Ballustraden von Schlangenköpfen mit offenen Mäulern geschmückt. Bei Sonnenuntergang der Frühlings- und Herbst-Tagundnachtgleiche erzeugt der vom Rand der Pyramide geworfene Schatten ein wellenförmiges Muster, das die Treppe hinabläuft und so den Körper der Schlange bildet.

Eine der berühmtesten Maya-Pyramiden, El Castillo, zeigt eindrucksvoll den Einfluß der zentralmexikanischen Architektur. Sie erreicht eine Höhe von fast 30 Metern.

Obwohl nur teilweise erhalten, bleibt der Tempel der Krieger ein eindrucksvoller Anblick. Die Säulen haben die Form von Schlangen, den Eingang dominiert eine Chac-Mool-Figur.

Dies zeigt, wie die Faszination der Maya für Himmelskörper, die Konstruktion der Bauwerke beeinflußte. El Castillo (spanisch für „die Burg“) hat neun Ebenen, die die neun Schichten der Unterwelt symbolisieren. Die Treppen jeder der vier Seiten haben 364 Stufen, gemeinsam mit der oberen Plattform also die gleiche Zahl, wie die Anzahl der Tage im Jahr. Obwohl das Bauwerk Züge trägt, die charakteristisch für die Bauweise der alten Maya sind, enthüllt es gleichzeitig den Einfluß eines neuen architektonischen Stiles, der von den Itzá, einer Gruppe von Maya aus

Tabasco, das zwischen den alten Maya-Städten und Zentralmexiko liegt, nach Chichén Itzá gebracht wurde. Vor allem aus Kriegern und Kaufleuten bestehend, drangen die Itzá in Yucatán ein, indem sie die Gelegenheit nützten, die der Zusammenbruch der dortigen Städte bot. Ihr Einfluß zeigt sich an den beiden Stilen, auf die man in Chichén Itzá stößt: Im Süden herrscht der traditionelle Maya-Stil, im Norden die Architektur des mexikanischen Stils vor.

Der größte Ballspiel-Platz Mittelamerikas liegt im Westen der Hauptgebäude von Chichén Itzá. Steinmetzarbeiten von Opferungen, die am Ende des Spiels gemacht wurden, zieren die Wände. Eine Steinplattform, geschmückt mit Hunderten von verzierten Schädeln, steht seitlich des Platzes. Dieses Gebilde wurde ursprünglich von einem Holzgestell überragt, auf dem die Schädel der besiegten Ballspieler thronten. Die Schädelbilder, die den Maya fremd waren, zeigen ebenfalls den mexikanischen Einfluß.

Die Ostseite des Hauptplatzes nimmt der Tempel der Krieger ein. An seinem Eingang befindet sich eine Chac-Mool-Figur, die eine Opferschale an die Brust hält. Der Torweg wurde ursprünglich von Säulen geformt, die die Form Quetzalcoatls, der Grünfederschlange, einer der bedeutendsten zentralmexikanischen Gottheit, hatten. Die Köpfe dieser Wesen ruhen auf dem Boden, und ihre Schwänze unterstützten Türstürze. Die Säulen des Tempels sind mit einer Vielzahl an Reliefs geschmückt, die bewaffnete Krieger darstellen.

Der Blick vom Tempel der Krieger zu El Castillo enthüllt, wie groß dieser Platz im Vergleich zu denen der klassischen Ära ist. Er wurde während des 9. Jh. n. Chr. entworfen, als die Stadt auf dem Höhepunkt ihrer Macht stand und sich die Städte des südlichen Tieflandes im Niedergang befanden. Chichén Itzá selbst wurde im frühen 13. Jh. n. Chr. von Nachbarn aus Mayapan erobert.

AUSSPRACHEREGELN

Es gibt verschiedene Möglichkeiten, die Sprache der Maya zu schreiben. Zuerst wurde sie von den Spaniern ins lateinische Alphabeth transkribiert, wobei diese versuchten, die Laute dieser Sprache in ihrem eigenen Alphabet wiederzugeben. Seit kurzem versucht man das Alphabeth der Maya-Sprache in ein eher phonetisches System zu übersetzen (z.B. wird das „c", das in der Sprache der Maya immer hart gesprochen wird, zu „k"). Da aber die ältere Orthographie immer noch am häufigsten gebraucht wird, wurde sie in diesem Buch verwendet. Die folgenden Bemerkungen basieren auf diesem System.

Vokale

Diese sind allgemein lang:

a: wird gesprochen wie in Vater
e: wird gesprochen wie in Feder
i: wird gesprochen wie in Liebe
o: wird gesprochen wie in ohne
u: wird gesprochen wie in Wut

Folgt auf u ein Vokal oder steht es am Ende des Wortes, wird es als w gesprochen. *Ahau* wird zu *ahaw*.

Konsonanten

Folgende Abweichungen bei der Aussprache sind zu beachten:

c: wird immer wie k ausgesprochen (*cizin* also als *kizin*)
x: wird als sch gesprochen wie in Schuh
tz: wird als zischendes s gesprochen (mit der Zunge direkt hinter der oberen Zahnreihe)
j: wird als betontes h gesprochen wie in Hund.

Der Knacklaut

Die Maya unterscheiden zwischen Konsonaten, bei deren Aussprache die Stimmritzen geschlossen sind, und solchen, wo dies nicht der Fall ist. Knacklaute werden durch ein Apostroph angezeigt, z.B. p'. In der deutschen Sprache kommt der Knacklaut meist vor einem Vokal am Wort- oder Silbenanfang, z.B. vor dem a bei Acker.

Betonung

Wörter werden für gewöhnlich auf der letzten Silbe betont.

GLOSSAR

Dachkamm: Architektonische Struktur an der Spitze vieler Maya-Tempel, um deren Höhe zu vergrößern. Aus festem Stein oder einem Steingerüst gefertigt, waren sie ursprünglich mit bildhaften Skulpturen der Herrscher und Gottheiten bedeckt und vermutlich hell bemalt.

Hieroglyphen: Die Symbole, aus denen die Maya-Schrift besteht. Die meisten stellen Silben dar, manche stehen für Wörter oder Begriffe. Das System wurde in der frühen klassischen Zeit entwickelt und erreichte seinen Höhepunkt in der spätklassischen Zeit.

Himmelsband: In der Maya-Kunst ein schmales Band, das man für ein Symbol des Himmels oder des kosmischen Bereichs hält. Gewöhnlich ist es in eine Anzahl von einzelnen Rechtecken geteilt, wobei jedes die Hieroglyphe eines Sternes, eines Planeten oder einer Konstellation enthält.

Kakao: Die Pflanze, aus deren Bohnen Schokolade erzeugt wird. Das Wort kann die ganze Pflanze, die Samen oder die Blätter bezeichnen. Ein Getränk aus Kakao wurde von den hochrangigen Adeligen getrunken.

Klassische Zeit: Die Gelehrten teilten die Geschichte der alten Maya ursprünglich in drei Perioden: Die klassische Zeit (um 250–900 n. Chr.) wurde als Blütezeit ihrer Zivilisation gesehen. Sie wurde in die frühklassische (um 250–600 n. Chr.) und die spätklassische Zeit (um 600–900 n. Chr.) unterteilt. *Siehe auch* VORKLASSISCHE ZEIT und NACHKLASSISCHE ZEIT.

Kodex (pl. **Kodizes**): Ein Ausdruck für die vier erhaltenen „Faltbücher", die aus langen Stücken von Rindenpapier bestehen, das zieharmonikaartig gefaltet ist. Die Kodizes enthalten Tafeln und Almanache, die für Vorhersagen und Rituale verwendet wurden.

Nachklassische Zeit: Die Wissenschaftler teilten die Geschichte der alten Maya ursprünglich in drei Perioden: Die nachklassische Zeit (um 900 n. Chr. bis ins frühe 16. Jh. n. Chr.) wurde für eine Periode des kulturellen Verfalls gehalten. *Siehe auch* VORKLASSISCHE ZEIT und KLASSISCHE ZEIT.

Popol Vuh: Ein epischer Maya-Text, der nach der spanischen Eroberung entstand und die Mythologie und Geschichte der Quiché-Maya aus dem Hochland Guatemalas enthält. Um 1550 wurde er in lateinischer Schrift niedergeschrieben, doch die Mythen, die er enthält, finden sich überall in der Maya-Region und sind einige Hundert Jahre alt.

„Roll-Out"-Aufnahme: Die Photographie eines zylindrischen Objektes mittels einer Technik, die ein rechteckiges Bild der gesamten runden Oberfläche des Gegenstandes zeigt, so als ob er flach ausgerollt wäre. Mit dieser Methode kann man zum Beispiel ein vollständiges Bild der Malerei einer Vase betrachten.

Stele: Aufrecht stehender Stein, zwischen einem und sieben Metern hoch. Die Vorderseite zeigt oft das Bild eines Herrschers, in die anderen drei sind häufig Hieroglyphen-Inschriften eingehauen, die Ereignisse aus seinem Leben erzählen.

Vorklassische Zeit: Die Gelehrten teilten die Geschichte der alten Maya ursprünglich in drei Perioden: Die vorklassische (um 2000 v. Chr. bis 250 n. Chr.) hielt man für eine Zeit der relativ kleinen dörflichen Siedlungen. *Siehe auch* KLASSISCHE ZEIT und NACHKLASSISCHE ZEIT.

Weltenbaum: Der Glaube der Maya sah die Achse des Kosmos als riesigen Baum mit den Wurzeln in der Unterwelt, dem Stamm im irdischen Bereich und den Zweigen im Himmel. Der Weltenbaum war ein Kanal zwischen diesen drei Reichen, der dem Herrscher während der Rituale die Kommunikation mit den Göttern und Ahnen ermöglichte.

Xibalba: Die Unterwelt der Maya, Wohnsitz von grausamen Gottheiten. Viele Geschichten der Maya-Mythologie beziehen sich auf den erfolgreichen Kampf der Heldenhaften Zwilinge gegen die Herrscher Xibalbas.

WEITERFÜHRENDE LITERATUR

Arnold, Paul. *Das Totenbuch der Maya*. München 1990

Aveni, Anthony F. *The Skywatchers of Ancient Mexico*. University of Texas Press. Austin/ Texas 2001

Bákula, Bornavia, Minelli u.a. *Das Inkareich: Entstehung und Untergang*. Augsburg 1998

Brotherston, Gordon. *Book of the Fourth World*. Cambridge University Press. Cambridge (England) 1996

Coe, Michael D. *Mexico*. Thames & Hudson. London 2000
–. *The Maya*. Thames & Hudson. London 2000
–. *Breaking the Maya Code*. Thames & Hudson. London 1999

Coe, Michael D. and Kerr, J. *The Art of the Maya Scribe*. Thames & Hudson. London 1997

Culbert, T. Patrick (ed.). *The Classic Maya Collapse*.University of New Mexico Press. Albuquerque/New Mexico 1984
–. *Classic Maya Political History: Hieroglyphic and Archaeological Evidence*. Cambridge University Press. Cambridge (England) 1996

Eggebrecht, Arne, Eggebrecht, Eva und Grube, Nikolai (Hg.). *Archäologische Schätze aus drei Jahrtausenden*. Mainz 1994

Fash, William L. *Scribes, Warriors, and Kings: The City of Copàn and the Ancient Maya*. Thames &Hudson. London 2001

Freidel, David; Schele, Linda; and Parker, Joy. *Maya Cosmos: Three Thousand Years on the Shaman´s Path*. William Morrow & Co. New York 1993

Hanks, William F. and Rice, D.S. (eds). *Word and Image in Maya Culture: Explorations in Language, Writing, and Representation*. University of Utah Press. Salt Lake City/Utah 1989

Heyden, Doris and Gendrop, Paul. *Pre-Columbian Architecture of Mesoamerica*. Faber & Faber. London 1980

Kubler, George. *The Art and Architecture of Ancient America*. Yale University Press. Connecticut and Penguin. Harmondsworth (England) 1992

León-Portilla, Miguel. *Time and Reality in the Thought of the Maya*. University of Oklahoma Press. Norman/Oklahoma 1990

Longhena, Maria. *Mayas und Akzteken. Geschichte und Kultur präkolumbischer Völker in Mittelamerika*. Köln 2002
–. *Sprechende Steine. 200 Schriftzeichen der Maya. Die Entschlüsselung ihrer Geheimnisse*. Wiesbaden 2003

Miller, Mary E. *The Art of Mesoamerica from Olmec to Aztec*. Thames & Hudson. London 2001

Miller, Mary E.and Taube, K. *The Gods and Symbols of Ancient Mexico and the Maya*. Thames & Hudson. London 1993

National Geographic Society. *Versunkene Reiche der Maya*. Augsburg 1988

Prem, Hanns J.; Dyckerhoff, Ursula. *Das alte Mexico*. München 1998

Reents-Budet, Dorie. *Painting the Maya Universe: Royal Ceramics of the Classic Period*. Duke University Press. Durham/North Carolina 1994

Riese, Berthold. *Die Maya*. München 2004

Robertson, Merle Greene. *The Sculpture of Palenque, Vol.I: The Temple of the Inscriptions*. Princeton University Press. Princeton/New Jersey 1983
–. *The Sculpture of Palenque, Vol. III: The Late Buildings of the Palace*. Princeton University Press. Princeton/New Jersey 1985

Schele, Linda und Freidel, David. *Die unbekannte Welt der Maya*. München 1999

Schele, Linda and Miller, Mary E. *The Blood of Kings: Dynasty and Ritual in Maya Art*. George Braziller. New York 1992

Sharer, Robert J. *The Ancient Maya*. Stanford University Press. Stanford/California 1994

Stephens, John L. Vol.I: *Incidents of Travel in Central America, Chiapas, and Yucatán*. Smithsonian Institution Press. Washington, D.C.1993

Stephens, John L.; Catherwood, F.; and Ackerman, Karl. *Incidents of Travel in Yucatán*. Smithsonian Institution Press. Washington, D.C.1996

Stierlin, Henri. *Die Kunst der Maya*. Stuttgart 1997

Tate, Carolyn E. Yaxchilán: *The Design of a Maya Ceremonial City*. University of Texas Press. Austin/Texas 1992

Wright, Ronald. *Time among the Maya*. Grove Press. New York 2000

REGISTER

Seitenverweise auf den Haupttext sind gemein, Seitenverweise auf Bildunterschriften sind **fett** gedruckt.

F

G

H

I

J

K

U

V

W

X

Y

Z

BILDNACHWEIS

Die Herausgeber danken den nachstehend angeführten Personen für die Erlaubnis, ihr Material zu reproduzieren. Sie haben jede Anstrengung unternommen, die Inhaber von Copyrights zu finden. Bei Auslassungen bitten die Herausgeber um Entschuldigung und werden bei Information Zusätze bzw. Korrekturen in allen künftigen Auflagen berücksichtigen. Das Material von Jules Selmes wurde mit Erlaubnis der Universitätsbibliothek von Essex, Colchester, England, von Faksimilekopien der Maya-Kodizes abgelichtet. Die Herausgeber danken auch Linda Schele für die freundliche Erlaubnis, ihre Strichzeichnungen in diesem Buch reproduzieren zu dürfen. Sie drücken damit ihre Unterstützung für Linda Schele aus und hoffen, daß sie den Lehrstuhl für Präkolumbianische Kultur und Kunst an der Universität Austin in Texas erhält.

Abkürzungen

o oben; **m** Mitte; **u** unten; **l** links; **r** rechts
JK Justin Kerr
NGS National Geographic Society Image Collection
RGS Royal Geographical Society

1 JK; 2 Paul Harris/RGS; 3 JK; 4 JK; 6 JK; 7 JK; 8 JK; 9 Simone Huber/Getty Images; 10 JK; 12 JK; 13 JK; 14–15 Robert Frerck/Getty Images; 16 JK; 17 Doug Stern/NGS; 18 JK; 19o JK; 19u Kenneth Garrett/NGS; 20 JK; 22–23 Robert Frerck/Getty Images; 24 JK; 25; JK;26 JK; 27 Jules Selmes; 28 Jules Selmes; 29 JK; 30o Jules Selmes; 30u Jules Selmes; 32 Images Colour Library; 33 Paul Harris/RGS; 34–35 Getty Images/David Hiser; 36 JK; 37 JK; 38 Ted Wood/Getty Images; 39 Olaf Soot/Getty Images; 41 Grant Taylor/Getty Images; 42–43 Kenneth Garrett/NGS; 44 JK; 45 Kenneth Garrett/NGS; 46–47 Robert Frerck/Getty Images; 48 Paul Harris/RGS; 49 JK; 50 Jules Selmes; 51 JK; 52 JK; 53 JK; 54o JK; 54u JK; 56–57 Robert Francis/South American Pictures; 58 JK; 59 JK; 60 The Bridgeman Art Library, London; 61 Fred Espenak/Science Photo Library; 61 e.t. Archiv; 62 JK; 63 NASA/Science Photo Library 64 Dr. Merle Greene Robertson/Pre-Columbian Art Reaserch Institute, Kalifornien; 65 JK; 66 JK; 67 David A. Harvey/NGS; 69 JK; 70 JK; 71 JK; 72–73 Douglas Stern/NGS; 75 JK; 76 JK; 77 Jules Selmes; 78–79 Robert Frerck/Robert Harding Picture Library; 80 JK; 82 JK; 83 JK; 85 JK; 86–87 JK; 88–89 Simone Huber/Getty Images; 90 JK; 91 JK; 92 Jules Selmes; 93 JK; 94 Jules selmes; 95 JK; 96 Jules Selmes; 97 JK; 98o JK; 98u JK; 99JK; 100 Jules Selmes; 101 Dr. Merle Greene Robertson/Pre-Columbian Art Research Institute, Kalifornien; 102–103 Paul Harris/RGS; 104 JK; 105 Kenneth Garrett/NGS; 106 JK; 107 JK; 108 JK; 109 JK; 110 JK; 111 JK; 112 JK; 113 JK; 116–117 Images Colour Library; 118 JK; 119 JK; 120 Richard A. Cooke III/NGS; 122–123 Robert Francis/South American Pictures; 125 JK; 126 JK; 127 JK; 128–129 Doug Stern/NGS; 131l JK; 131r JK; 132–133 Cosmo Condina/Getty Images; 134 Cosmo Condina/Getty Images, 135 David Hiser/Getty Images.

Nachtrag zu den Bildern

Seite 20: Keramikteller (ca. 672–830 n. Chr.) aus Guatemala
Seite 30: Kleiderschmuck aus geschnitzten Muscheln (600–800 n. Chr.); Hieroglyphe und Kopfporträt (ganz oben). Zwei Seiten aus dem Madrider Kodex (16. Jh.) (oben).
Seite 41: Gemeißelte Steinschlange auf der Treppe der El Castillo-Pyramide, Chichén Itzá.
Seite 52: Bemaltes Gefäß (klassische Periode) mit dem Bild eines Truthahns und eines Moschusschweines (Pekaris).
Seite 69: Spätklassische Keramikfigurine einer Frau
Seite 75: Spätklassische Jadespange, die einen König mit gekreuzten Beinen auf dem Thron zeigt.
Seite 80: Spätklassischer Kopf des Maisgottes, geschnitzt in Jade, gefunden in Palenque (ganz oben). Spätklassischer Steinkopf des Maisgottes aus Tempel 22 in Copán (oben).
Seite 85: Keramikfigurine eines alten Herren der Unterwelt (Tikal, 300–450 n. Chr.)
Seite 125: Spätklassische Figurine eines als Chac-Xib-Chac gekleideten Herrschers, gefunden im Tempel der Inschriften (Palenque).